I0222037

www.ingramcontent.com/pod-product-compliance
Lightning Source LLC
Chambersburg PA
CBHW070512090426
42735CB00012B/2754

* 9 7 8 1 9 3 9 1 2 3 6 3 3 *

بنام خدا

پیروزی امپراتوری صلح

نویسنده:

دکتر احمد نه چمی

2017 © All Rights Reserved for the Author
کلیه حقوق مادی و معنوی برای مولف محفوظ است.
این کتاب با شماره ۲۱۰۶۶۹۳ در کتابخانه ملی ایران نیز ثبت شده است.

عنوان : پیروزی امپراتوری صلح
نویسنده: **دکتر احمد نه چمی**
ناشر: **قرن برتر** (سوپریم سنچوری)، آمریکا
شابک: ۹۷۸- ۱۹۳۹۱۲۳۶۳۳
شماره کنترلی کتابخانه کنگره: ۲۰۱۷۹۱۳۷۲۲

آماده سازی برای چاپ توسط آسان نشر
www.ASANASHR.com

تقدیم به انسان

خداوند زیبایی را به سادگی

و سادگی را به زیبایی آفرید

ظهور مدینه واجبه

برای تحقق مدینه فاضله

انقلاب در مفاهیم

ظهور حلقه بهبود

و رفع حلقه معیوب

فراتر از دموکراسی

صبح با صدای زنگ ساعت از خواب بیدار شدم مثل همیشه قبل از شروع نظافت خود تلویزیون را روشن کردم و صدایش را بلند کردم و مشغول اصلاح صورتم شدم . خواب آلوده بودم و به کلمات تلویزیون توجه زیادی نداشتم منتظر شروع آهنگ بودم اما خبری نبود اصلاح تمام شد شیر آب سرد را باز کردم و آب سردی را به صورتم زدم. ناگهان متوجه شدم کلمات مجری با کلمات روزهای پیش فرق دارد کمی‌دقیق‌تر شدم و به چهره خودم در آیینه خیره شدم. لحن و صدای مجری تفاوت بسیاری با روزهای قبل داشت برای آنکه دقتم بیشتر شود کمی‌دیگر آب سرد به صورتم زدم و حوله را برداشتم و به طرف تلویزیون رفتم و دقت بیشتری کردم. مجری کلمات عجیبی را تکرار می‌کرد جملاتش را نمی‌فهمیدم. هم کلمات تازه بود و هم جملات. اول فکر کردم توهم است اما نه همه چیز واقعی بود شبکه را عوض کردم باز همان لحن و همان کلمات و جملات. چه چیز اتفاق افتاده بود نمی‌دانستم؟!. مجری تلویزیون از توقف بسیاری از اعمال سخن می‌گفت از حرفهایش نمی‌توانستم چیزی بفهمم چگونه ممکن است؟ شاید این مجری‌ها دچار نوعی بیماری شده‌اند، اما مگر ممکن است تمام مجری‌های تلویزیون با هم دچار یک نوع بیماری شده باشند؟ تازه کجای دنیا رسم است مجری دیوانه را جلوی صحنه بیاورند پس کارگردان و سرپرست برنامه کجا بوده‌اند مگر می‌شود یک تیم تلویزیون همه با هم بیمار شده باشند؟!. نه ممکن نیست شاید من دچار نوعی بیماری شده‌ام تلویزیون را خاموش کردم و اندکی دراز کشیدم. سپس بلند شدم و به طرف آشپزخانه رفتم در حالیکه هنوز از جملاتی که شنیده بودم گیج بودم وکمی نیز نگران سلامتی خود، هنوز نمی‌دانستم چیزهائی که شنیده بودم واقعیت داشت یا من دچار بیماری شده بودم قبلاً در مورد توهم و عدم درک صحیح محرک چیزهای زیادی خوانده بودم به همین دلیل نگران سلامتی خود بودم فکر

کردم شاید قند خونم پایین آمده و گرسنه هستم به همین دلیل تصمیم گرفتم چیزی بخورم تا بهتر بتوانم قضاوت کنم. صبحانه مفصلی خوردم و به امید اینکه حالم بهتر شده باشد با نگرانی و کمی ترس مجدداً تلویزیون را روشن کردم اما با کمال تعجب وضعیت را حادتر دیدم و چیزهای عجیب‌تری شنیدم این بار دیگر ترس وجودم را گرفت با عجله تلویزیون را خاموش کردم و لباسهایم را پوشیدم و بیرون رفتم صدای قلب خودم را می‌شنیدم و به شدت ترسیده بودم اما وقتی به خیابان رسیدم با صحنه عجیبی روبرو شدم همه مردم دچار همان حالتی شده بودند که من به آن مبتلا شده بودم همه دست پاچه و نگران بودند فهمیدم که سالم هستم زیرا حالت مرا اکثر مردم داشتند به جمع مردم وارد شدم همه با هم صحبت می‌کردند و از تصاویر تلویزیون و حرفهای مجریان شبکه‌های مختلف سخن می‌گفتند و عجیب‌تر اینکه گویا این اتفاقات در بین مردم بطور زنده نیز رخ داده بود . خدایا چه شده است؟ مگر قیامت شده است؟ چگونه ممکن است؟ این چه حالتی است؟ چه سرنوشتی است ؟

حسن آقا را دیدم او را می‌شناختم در گوشه‌ای نشسته بود به طر فش رفتم و گفتم حسن آقا چی شده است؟ هر چند خودم چیزهائی می‌دانستم اما خواستم مطمئن شوم

او گفت : نمی‌دانم می‌گویند دنیا عوض شده است .

گفتم : منظورت چیست ؟

با همان لحن و آهنگ معتادی خود گفت: والا نمی‌دونم فقط وقتی رفتم مواد بخرم گفتند نمی‌شود.

گفتم: چرا؟

گفتند: ممکن نیست.

حالا من دارم از درد می‌میرم هر چقدر می گم بابا پولم را بگیر و بده اما می گویند دیگر ممکن نیست!

گفتم: لا اقل یک بسته سیگار بدهید اما ممکن نبود!

یعنی چه ؟آخر چطور ممکن است؟

حسن آقا گفت: حالا می‌بینی که شده کسی که تا دیروز از من پول می گرفت و با اشتیاق مواد را به من می‌داد امروز گفت: ممکن نیست اصلاً این مواد حرکت نمی کنند!

گفتم: خوب حالا چرا به تو سیگار ندادند.

گفت: نمی‌دانم گفتند دیگر ممکن نیست.

در حالیکه مات و مبهوت بودم با تکان دست از او خداحافظی کردم.

جمعیت مالامال ایستاده بودند.

بعضی‌ها خوشحال بودند بعضی‌ها ناراحت انگار چیزی را از دست داده بودند بعضی مانند من سرگردان و نگران. خدایا چه خبر است؟ مگر ممکن است؟ آخر تا دیروز که اوضاع طور دیگری بود چطور ممکن است؟ از میان مردم رد می‌شدم هر کدام واقعه‌ای را که برایش پیش آمده بود برای دیگری تعریف می کرد. نمی‌دانستم خوشحال باشم یا ناراحت اصلاً نمی‌دانستم این واقعه چیست و چگونه پیش آمده است کمی جلوتر رفتم وارد یک خیابان دیگر شدم عده‌ای میوه‌فروش ایستاده بودند با نگرانی و تعجب با یکدیگر صحبت می کردند به جمع آنها نزدیک شدم و گفتم: چی شده؟

گفتند: نمی‌دانیم فقط امروز هر قدر سعی می کنیم میوه‌های خراب و بد را به قیمت بالا بفروشیم نمی توانیم هر چقدر می خواهیم گران بفروشیم نمی‌توانیم. پرسیدم چگونه ممکن است آنها با شانه‌هایشان در حالی که علت را نمی‌دانستند اظهار بی اطلاعی کردند.

کمی جلوتر به یک سوپر مارکت رسیدم او هم به همین درد مبتلا شده بود او می‌گفت: دیگر نمی‌توانم هر سودی را که مایل باشم به دست بیاورم.

یعنی چه؟ مگر این چه نیروی است؟ آخر چرا جهان این گونه تغییر کرده است؟ چرا تاکنون چنین نبوده است؟

در حالیکه حیران بودم جلوتر رفتم و به کفاشی رسیدم او به همسایه‌هایش می‌گفت عجیب است دیگر نمی‌توانم کفشهای تقلبی را با هر مارک و مدل که دلم خواست به مردم بفروشم و هر طور که خواستم قیمت بگذارم.

خدایا مگر ممکن است؟ به راهم ادامه می‌دادم در حالیکه سخنان مردم را می‌شنیدم و تکرار آنها همچنان گوشم را تحریک می‌کرد به قصابی رسیدم او می‌گفت صبح می‌خواستم گاو بیماری را ذبح کنم و به مردم بفروشم ولی نتوانستم نمی‌دانم چرا؟ آخر من حتی نتوانستم آن گاو را از صاحبش بخرم چون او هم نمی‌توانست آن را به من بفروشد جلوتر رفتم و گفتم: چگونه مگر مأمور آنجا بود که مانع کارتان بشود؟

او گفت: نه مأموری نبود و هیچ کس مانع کارمان نمی‌شد اما نمی‌توانستیم این کار را انجام دهیم !.

دیگر داشتم دیوانه می‌شدم دلم می‌خواست فریاد می‌زدم و کسی را به یاری می‌طلبیدم تا برایم توضیح بدهد آخر این همه معجزه آنهم در یک روز چگونه ممکن است ؟

به یک پوشاک فروشی رسیدم آنها می‌گفتند دیگر نمی‌توانند هر جنسی را با دوز و کلک در قالب جنس خوب به مردم بفروشند و آنها را فریب دهند خدایا انگار این بار دیگر صداقت اجباراً، حکم می‌کند و کسی نمی‌تواند دروغ بگوید.

عجیب‌تر از همه آنها تا آن لحظه گدائی بود که به شدت گریه می‌کرد جلوتر رفتم و پرسیدم چی شده آقا؟

جواب داد: دیگر نمی‌توانم گدائی کنم دیگر نمی‌توانم اموال مردم به دروغ صاحب شوم هر قدر هم ناله می کنم و می گویم فقیرم بی چیزم فایده‌ای ندارد.!!

گفتم: چرا؟

گفت :حتی اگر فریب هم بخورند و دلشان به حال من بسوزد نمی‌توانند چیزی به من بدهند.

آخر چگونه؟

گفت: نمی‌دانم می گویند خلاف متوقف شده است و دیگر نمی‌تواند در جامعه جریان داشته باشد.

گفتم: خوب حالا چرا گریه می کنی؟

گفت: آخر آنهمه ثروتی را که در این سالها با دوز کلک و فریب از مردم جمع کرده بودم دیگر به درد نمی‌خورد و نمی‌توانم به کارم ادامه دهم.

بی اختیار بر روی زمین نشستم حداقل خوشحالیم این بود که من دچار توهم نشده بودم من سالم بودم این اوضاع بود که تغییر کرده بود مگر می‌شود همه مردم با هم دچار توهم شوند پس واقعیت است آنچه می‌دیدم و آنچه می‌شنیدم واقعی بود ماشین‌ها در خیابان ایستاده بودند صاحبانشان می گفتند فقط برای کارهای ضروری می‌توانند از ماشین‌هایشان استفاده کنند و حق ندارند برای امر غیر ضروری از آنها استفاده کنند هوا هم خوشحال بود از اینکه کمتر آلوده می‌شد خوشحال بود این خوشحالی را می‌توانستم از لطافتش دریابم عجیب بود به یک باره همه چیز در جای خود قرار گرفته بود هر چیزی به تناسب خود رسیده بود دیگر از آنهمه بهم ریختگی‌ها خبری نبود.

وارد کوچه‌ای شدم زنان در آن کوچه اجتماع کرده بودند از کنارشان رد میشدم که شنیدم به همدیگر می گفتند دیگر لازم نیست بگوییم حقوق مرد و زن؟ همه چیز عادلانه شده است.!

عجب،! کمی ایستادم تا ببینم آنها چه می‌گویند ولی از حرفهایشان زیاد سر درنیاوردم به راهم ادامه دادم به چند زن با آرایشهای زننده مواجه شدم از سر و وضعشان معلوم بود که روسپی بودند اندکی توقف کردم چیز عجیبی شنیدم آنها می‌گفتند دیگر نمی‌توانند تن‌فروشی کنند کمی جلوتر رفتم و گفتم: چرا نمی‌توانید؟ در حالیکه مشغول جویدن آدامس بودند و با لحن مخصوص زنان روسپی گفتند: حتی اگر بخواهیم هم نمی‌توانیم این کار را بکنیم دیگر نمی‌توانیم با عمل خلاف به اهدافمان برسیم!!

عجب!

از این که این را می‌شنیدم خوشحال بودم یعنی در عرض یک شب چنین رویداد بزرگی چگونه رخ داده‌است؟

تعجب کردن کم کم برایم عادی شده بود حالا بیشتر می‌خواستم بدانم که این رویداد تا کجا گسترش یافته است باید کم کم تعجب را کنار می‌گذاشتم و بیشتر بدنبال جستجوی رویدادهایشان می‌بودم.

از آن کوچه رد شدم و وارد محله دیگری شدم از دور عده‌ای از افراد را دیدم که در کناری حلقه زده بودند انگار به چیزی در وسط حلقه نگریسته بودند تصور کردم باید چیز تازه‌ای رخ داده باشد به طرف آنها رفتم حلقه را کنار زدم و جلوتر رفتم بشدت تعجب کردم!

تکه‌ای طلا در وسط جمعیت افتاده بود همه به آن می‌نگریستند کودک، جوان، بزرگسال زن ومرد.

از یکی از آنها پرسیدم: چرا شما اینجا جمع شده‌اید و به این تکه طلا می‌نگرید مگر چیز تازه‌ای رخ داده‌است؟

او گفت از صبح امروز این تکه طلا اینجا افتاده کسی نمی‌تواند به آن دست بزند و یا آن را بر دارد!!

حرفشان را باور نکردم خم شدم تا آن را بردارم اما هر قدر سعی کردم نتوانستم بلند شدم.

آنها گفتند: مگر صاحب این تکه طلا پیدا شود و آن را بردارد در غیر این صورت هیچ کس نمی‌تواند آن را بر دارد یعنی دیگر حتی اگر بخواهیم هم نمی‌توانیم خلاف بکنیم!!

بالاخره صداقت خود قیام کرد و خود برای برقراری راستی و صلح اقدام کرد! نیروی عجیبی بر جهان حاکم شده بود آیا در سایر نقاط جهان نیز این اتفاق افتاده و یا تنها در این سرزمین این نیروی پاکی حکمران شده است؟

آن جمع را به حال خود واگذاشتم و از آنها دور شدم به کوچه‌ای دیگر رسیدم عده‌ای کودک دور هم جمع شده بودند با خود گفتم حتماً با هم دارند بازی می‌کنند خواستم از کنارشان رد شوم یکباره حرفهایشان توجهم را جلب کرد چه می‌شنیدم یکی از بچها می‌گفت صبح می‌خواسته پفک نمکی بخرد اما نتوانسته است گویا هر چیزی که برای سلامتی ضرر داشته باشد رد وبدل نمی‌شود!

او گفت من فقط توانستم کمی‌پسته بخرم بچه‌های دیگر هم از اتفاقی که برایشان افتاده بود متعجب بودند. عجب یعنی دامنه این نیرو تا به این حد در اعماق جامعه نفوذ کرده است از این که کودکانمان محدوده امنی یافته بودند خوشحال بودم بله دیگر فرزندانمان بیمار نمی‌شوند و یا لااقل بیماری را نمی‌توان به زور و یا با فریب به آنها تحمیل کرد.

در حالی که هنوز از اوضاعی که پیش آمده بود سردرگم بودم واضطراب همچنان در وجودم موج می‌زد اما کمی هم حس آرامش همانند چاشنی به آن اضافه شد تا بتوانم بهتر بر خود غلبه کنم.

از آنجا رد شدم به یک بنگاه معاملات املاک و زمین رسیدم چقدر شلوغ بود تمام کسانی که قبلاً از طریق تورم زایی، دروغ، کلک و فریب به نوایی رسیده بودند در آنجا تجمع کرده بودند.

آنان می‌گفتند: دیگر نمی‌توانند آن سودهای کلان را به سمت و سوی خود بکشانند دیگر نمیتوانند ساختمانهای غیر استاندارد را با قیمت‌های کلان به مردم بفروشند یعنی دیگر استثمار از راه کلک تمام شد!

عده‌ای از مردم با لباسهای گوناگون و پوششهای مخصوص خود که می‌توانستم شخصیتهایشان را از روی نوع لباسشان حدس بزنم در کنار هم جمع شده بودند و چهره‌هایشان مضطرب و شکست خورده بود چیز عجیبی که می‌شنیدم و بسیار برایم جالب بود برگشت تمامی ثروتی بود که از راه نا مشروع بدست آمده بود!!

این دیگر برایم تازگی داشت یعنی ممکن است حرکتی مخالف حرکت قبلی خلاف انجام شود؟ این دیگر چیزی شبیه برگشت به عقب زمان است چگونه ممکن است!؟

آنجا ایستادم و به حرفهایشا ن با دقت بیشتر گوش دادم بله درست شنیدم خدایا این دیگر معجزه است حرکتی از نو که هم حال هم آینده و هم گذشته را شامل شده است!!

مگر می‌شود؟

یعنی دیگر مظلومان از چنگال انسانهای سود جو و منفعت طلب که به ناحق بسیار بیشتر از تلاش خود را طلب می کردند رها شدند؟

و دیگر نمی‌توانند از حدود خود تجاوز کنند و حریم دیگران را به ناامنی و آلودگی بکشانند؟

ای خدای بزرگ چگونه می‌توانیم شکر این نعمت را بجای بیاوریم؟

از آنجا گذشتم در حالی که به آرامش بیشتری رسیده بودم و فقط از اینکه نمی‌توانستم علت را بفهمم سردر گم بودم اما کم کم موضوع برایم جالب می‌شد بنابر این دوست داشتم ابعاد نفوذ این پدیده را بیشتر بدانم می‌خواستم بفهمم آیا مرزی هست که این پدیده نتوانسته باشد در آن نفوذ کند؟

به بوتیکی رسیدم صاحبش با همسایه‌اش صحبت می‌کرد او می‌گفت قبلاً هر وقت مشتری به من مراجعه می‌کرد به قیافه‌ی او نگاه می‌کردم و قیمت را بر اساس شناخت خودم تعیین می‌کردم واکثر آنها هم از اینکه جنس گران بخرند به خودشان افتخار می‌کردند کلی هم آقا و خانم بارشان می‌کردم آنها هم فکر می‌کردند چند تُن به شخصیت‌شان اضافه شده است گاهی آنقدر از ادکلن تعریف می‌کردم که ادکلن بد بوی را چنان به ذهنشان تلقین می‌کردم که آنها واقعاً حرفهایم را باور می‌کردند. از این راه کلی ثروتمند شده بودم حالا نه تنها نمی‌توانم چنین کاری را تکرار کنم بلکه هر آنچه در گذشته از این راه به دست آورده بودم بر باد رفت. و دوباره به دامن اجتماع بازگشت. خیلی عجیب است همه چیز آزاد است هر کاری که خلاف نباشد می‌توانم بکنم اما خلاف دیگر قابل انجام نیست. دیگر نمی‌توانم با چاشنی دروغ دیگران را به طرف خودم بکشانم همسایه‌اش گفت: آن زمان دیگر گذشت یادش بخیر چقدر برای ما خوب بود. دیگری گفت: مرد حسابی کجایش خوب بود فکر می‌کردی خوب بود اگر تو سر یکی کلاه می‌گذاشتی دیگری هم سر تو کلاه می‌گذاشت حالا دیگر نه تو می‌توانی سر دیگران کلاه بگذاری ونه دیگران می توانند..!
او جواب داد : بله درست است اما خوبی اش به این بود که هر که زرنگ تر بود زودتر به آنچه می‌خواست می‌رسید .

دیگری گفت: بله اما حالا سالم تری و بهتر می‌توانی لذت ببری دیگر خطری تو را تهدید نمی‌کند آنوقت‌ها باید در مالت شک می‌کردی اما حالا این طور نیست همه چیز پاک پاک است.

عجیب بود سخنان عجیبی می‌شنیدم کمی بالاتر رفتم یک نفر دست فروش در کنار خیابان ایستاده بود و برای دو نفر صحبت می‌کرد او می‌گفت : دیگر نمی‌تواند پنیرهای آلوده به تب مالتش را بفروشد.!

می‌گفت : می‌گویند این پنیرها قابل مبادله نیستند هر قدر سعی می‌کنم نمی‌توانم آنها را بفروشم باید کنترل کیفیت شوند تا قابل مبادله شوند نمی‌توان حتی آنرا به قیمت ارزان هم بفروشم عجیب است من می‌خواهم اما نمی‌توانم این دیگر مقوله تازه‌ایست.

با خود گفتم: تصور نمی‌کردم روزی بجای مدینه فا ضله مدینه واجبه پدید آید. در آنجا باید همه انسان‌ها به فضیلت‌های لازم می‌رسیدند اما این دیگر کاری به انسانها ندارد یعنی فضیلت یک مسئله شخصی است و این یک مسئله جمع، حتی اگر انسان رذیلی هم باشیم نمی‌توانیم خطا کنیم.آنجا بشر باید به یک امر غیر ممکن چشم انتظار می‌دوخت که امری غیر قابل تصور است زیرا حتی به فرض اینکه انسانهای موجود به فضیلت لازم دست یابند باز تولد انسانهای جدید موضوع را پیچیده‌تر می‌کند و باز هزارن عامل غیر قابل پیش بینی دیگر پیش می‌آید که محیط را بر هم می‌زند این جا دیگر نمی‌توانیم از خط راستی تخطی کنیم. اینجا دیگر وظیفه و حدود هر کسی چنان است که تحدی و تجاوز ازحدود و مرز آن ممکن نیست. بله دیگر نمی‌گویند وخواهش نمی‌کنند که دیگران را رعایت کنید، ظلم نکنید، گران نفروشید، کم نفروشید اینجا دیگر حتی اگر سعی کنیم که چنین اعمالی را مرتکب شویم نمی‌توانیم خدایا این مدینه دیگر چگونه مدینه‌ایست آیا بشر به آرزوی خود رسیده است .؟

خیابانها مملو از مردم بودند همه در مورد وقایع پیش آمده صحبت می کردند یک لحظه تصور عجیبی در ذهنم شکل گرفت. بله از چند روز دیگر تراکم پیاده روها به علت دست فروشی یا گدائیی یا......را نداریم. خیابانها دیگر محل عبور و مرور غیر ضروری ماشین‌ها نیست هوای شهرها دیگر آلوده نخواهد بود و کودکان و سالمندان هوای سالمی که آرزویش را داشتند تنفس می کنند. نمی‌دانم این تصور را تا کجا می‌توانم ادامه دهم یعنی گسترش این پاکی تا کجا ادامه می‌یابد .یک باره این تصورم به وحشت گراید پس دست فروش ها چکار کنند و چگونه زندگی کنند؟

اگر کسی واقعاً به دلیل نیاز گدائی کند چه؟

اگر قصدش فریب نباشد و تنها بر اثر فشار فقر و نیاز به این کار روی آورده باشد چه؟

سرم را بلند کردم دست فروشی را در آن سوی خیابان دیدم به طرفش رفتم و از او در مورد وقایع پیش آمده سئوال کردم .

او گفت: دیگر نمی‌تواند برای رفع نیاز دست فروشی کند .

گفتم: پس چکار می کنی چگونه می‌خواهی امرار معاش کنی ؟

او گفت: درست نمی‌داند اما همین قدر می‌داند که دیگر نیازی به این کار نیست زیرا دیگر فقیر نیست .!

گفتم: چگونه؟

گفت : صبح که از خوا ب بیدار شدم و به کوچه آمدم همسایه‌هایم که همه مثل من فقیر بودند و در محله پایین شهر زندگی می کنند گفته‌اند که دیگر فقیر نیستند آنها علتش را نمی‌دانستند اما درست بود من هم فقیر نبودم فقط از شدت تعجب به بازارآمده‌ام تا ببینم چه اتفاقی افتاده است.!

این بار دیگر حق داشتم از تعجب خشکم بزند یعنی چطور ممکن است ؟
چگونه این تعادل برقرار گشته است ؟
مگر ممکن است ؟

در حالی که ناچار بودم وقایع پیش آمده را قبول کنم به راهم ادامه دادم و به یک مغازه لوازم خانگی رسیدم او با دوستش که او نیز صاحب یک مغازه لوازم خانگی بود صحبت می کرد و می گفت : دیدی چه شد؟
حالا دیگر نمی‌توانم هر وسیله‌ای را به هر قیمتی بفروشم محال است!
قبلاً هر قیمتی که می‌توانستم به مشتری تحمیل کنم می گفتم پشت سرش هم هزار سوگند می‌خوردم بعدش هم یک فاکتور تقلبی نشان می‌دادم و مشتری هم باور می کرد تازه کلی از جنس تعریف می کردم جنس‌های تقلبی را با مارکهای معتبر می‌فروختم کسی چه می‌دانست مردم فقط به ظاهر وسیله نگاه می کردند جنس چین را به اسم کره می‌فروختم پشتش هم یک مارک ساخت کره می‌زدم جنس کره را هم به اسم ژاپن می‌فروختیم و سود عالی می کردیم. ولی حالا همه چیزیک باره به هم خورده است دیگر حتی نمی‌توانم به خودم هم دروغ بگویم عجیب است این چه اتفاقی بود که رخ داد؟
چگونه ممکن است یعنی دیگر خلاف تعطیل است ؟

تازه حرفهای جدیدی می‌شنیدم یعنی در تمام این مدت ما جنس‌های بد را به جای جنس‌های خوب مصرف می کردیم و اصلاً از آن خبر هم نداشتیم برای همین بود که مردم بیچاره باید مرتباً بابت تعویض وسایل منزل خود هزینه‌های تکراری پرداخت می کردند. بله فردی که با هزار مشکل و بدبختی پولی را به دست می‌آورد وآنگاه به امید خرید یک وسیله خانگی خوب به بازار می‌رفت این گونه کلاه بر سرش می‌رفت و کل زحمتش را باید بابت یک جنس تقلبی که معلوم نبود چند روز کار خواهد کرد پرداخت کند. عجب دنیای بی

رحمی‌داشتیم و از آن بی خبر بودیم حالا چگونه می‌توانیم شکر این نعمت را به جای بیاوریم. دیگر لازم نیست به صدها مغازه سر بزنیم تا بتوانیم جنسی مطمئن با قیمتی مناسب به دست آوریم یعنی دیگر آن دوران به سر آمده است .

از آنها نیز گذشتم و عبور کردم چند قدم آن طرف‌تر چیز عجیبی شنیدم مردی با پوشش خاص خود ایستاده بود ریش سفیدی داشت و ظاهر متدینی برای خود درست کرده بود او می‌گفت: از چند سال قبل از طریق نوشتن دعا و باطل کردن جادو و جادو کردن درآمد خوبی داشت و مردم هم به او مراجعه می‌کردند او داستان دختری را تعریف می‌کرد که برای این که فکر می‌کرده کسی جادویش کرده و به همین سبب خواستگار ندارد به او مراجعه کرده است و می‌گفت برای او دعائی را از خود در آوردم و در کاغذی نوشتم حتی خودم هم به آن اعتقاد نداشتم و به او دادم وپول خوبی از او گرفتم از قضای روزگار برای آن دختر خواستگار آمد و از آن پس نام من بر سر زبانها افتاد و معنای نان در روغن بودن را به خوبی لمس کردم اما نمی‌دانم چه شده که امروز صبح دیگر کاسه کوزه‌ها شکسته و آن حسابها به هم خورده است دیگر چنین کارهائی ممکن نیست من حتی نمی‌توانم سر خودم کلاه بگذارم .

عجب چیزی می‌شنیدم چه چیز رخ داده که مردم اینگونه اعتراف می‌کنند این دیگر جالب است چگونه این نیرو توانسته حتی از مردم نیز اقرار بگیرد .

از آنجا گذشتم و عبور کردم کمی‌پائین‌تر عده‌ای دیگر دور هم جمع شده بودند آنها با هم صحبت می‌کردند و مثل اینکه اثر این نیرو به آنها نیز سرایت کرده بود و آنها را نیز به حال دیگری درآورده بود در میان آنها عطاری بود او می‌گفت: سالها بود مردم به من مراجعه می‌کردند من خود را دکتر گیاهی نامیده بودم و بعضی از مردم به من دکتر علفی می‌گفتند اینها مهم نبود مهم این بود که درآمد خوبی داشتم هر کسی هر دردی داشت با داروهای الکی و تقلبی

خود سرشان کلاه می‌گذاشتم روی شیشه مغازه‌ام درمان چاقی، لاغری، سردرد، نازائی...... نوشته بودم مردم عقل‌شان به چشم‌شان بود به هزار پزشک متخصص و حاذق مراجعه می‌کردند و چون درمان نمی‌شدند فکر می‌کردند تقصیر از داروی دکتر است به همین دلیل من هم با بدگوئی پشت سر پزشکان و اینکه آنان چیزی سرشان نمی‌شود و داروهای شیمیائی به خورد شما می‌دهند آنها را تشویق می‌کردم به داروهای علفی من پناه بیاورند و بعد ا نواع داروها ی گیاهی مؤثر و غیر مؤثر را به قیمتهای خوب به آنها می‌فروختم. عجب مردمی بودند وقتی بابت ویزیت پول به پزشک می‌دادند فکر می‌کردند به خودشان ظلم کرده‌اند اما وقتی چند برابر آن پولها را به من می‌دادند چون مشتی علف کف دستشان می‌گذاشتم هیچ اعتراضی نداشتند .آنها نمی‌دانستند که دردشان اگر علاج ناپذیر است تقصیر درمان نیست بلکه در دنیا دردهای علاج ناپذیر هم وجود دارند ولی این چیزها را هم نمی‌فهمیدند به همین دلیل من از این جهل مردم نان خوبی در می‌آوردم و می‌خوردم. عجب دنیائی بود اما از امروز همه چیز عوض شده است. دیگر نمی‌توان از آب گل‌آلود ماهی گرفت . نمی‌دانم چه شده است من حتی نمی‌توانم کوچکترین خلافی بکنم خدایا بر سرمان چه آمده است؟

دیگر نمی‌توان از فریب مردم نان بدست آورد. دیگر نمی‌توانم به افراد چاق درمان لاغری و به افراد لاغر درمان چاقی بفروشم بدبخت شدیم . اندکی به قیافه او نگریستم چه موجود بدبخت و زبونی بود از اینکه نمی‌توانست از فریب مردم نان بخورد خود را بدبخت می‌دانست. وقتی این همه تغییرات را دیدم کم‌کم احساس کردم دچار سردرد می‌شوم . چقدر عجیب بود سر دردم کم کم شدت می‌گرفت مجبور شدم به داروخانه بروم تا قرص مسکنی بگیرم وقتی آنجا رفتم کسی آن جا نبود یک داروساز و نسخه پیچش در حالی که ناراحت و

نگران بودند در گوشه‌ای پشت میزشان نشسته بودند سلام کردم و آنها با بی‌میلی سلامم را جواب دادند و جلو آمدند گفتم: یک قرص مسکن می‌خواهم.
او گفت: آیا از پزشک نسخه‌ای داری؟
گفتم: نه فقط خودم میخواهم آخر نمی‌دانم شما هم متوجه شده‌اید یا نه از امروز تغییرات چنان سریع رخ داده است که سرسام گرفته‌ام احساس می‌کنم به مسکن نیاز دارم لطفاً یک قرص مسکن به من بدهید.
دارو ساز با لبخندی که نشان از ناتوانی در انجام این کار را داشت،
گفت: نمی‌توانم.
گفتم: ولی من چیز بدی نمی‌خواهم خلاف هم نمی‌خواهم بکنم سرم درد می‌کند و یک قرص مسکن می‌خواهم همین!
داروساز گفت: مگر این خلاف نیست؟
گفتم: نه تا دیروز این جا پر از بیماران بدون نسخه بود هر داروئی که می‌خواستند به آنها می‌دادید از آنجا که شما تحصیل کرده هستید من هرگز فکر نمی‌کردم این عمل خلاف باشد آخر مگر شما دکتر نیستید؟
داروساز گفت: بله من دکتر هستم ولی پزشک نیستم ما هم از نادانی این ملت نان می‌خوریم!
دهانم از تعجب باز مانده بود و به چشمانش خیره شده بودم و حواسم فقط به کلماتی بود که از دهانش بیرون می‌آمد.
او ادامه داد: ما داروساز هستیم یعنی وظیفه ساخت دارو در کارخانه‌های داروسازی را بر عهده داریم ما هم به علت عدم توازن عدالت در جامعه در جائی قرا رگرفتیم که جایمان نبود ما تبدیل به بقال و فروشنده شدیم منتهی به جای مواد بقالی دارو می‌فروختیم هیچ فرقی نمی‌کند مردم هم هر کسی را با روپوش سفید می‌دیدند فکر می‌کردند دکتر است خیلی وقتها به نسخه پیچهای ما دکتر

می‌گفتند این فرهنگ برای ما فرهنگ نان آوری بود این فرهنگ برای کسانی که نیاز به فریب مردم برای کسب درآمد دارند فرهنگ خوشبختی است و آهنگ نوازش روح است.

با خودم گفتم: آن هم چه روحی!

او ادامه داد: برای درمان صحیح ، یک بیمار باید معاینه شود بررسی شود حتی بعد از پیچیده‌ترین کارها هنوز نمی‌توان با اطمینان کامل بیماری را تشخیص داد آنگاه دست به درمان کرد. ولی تا دیروز هر بیماری با هر علائم ظاهری را درمان می‌کردیم و مردم هم از ما راضی بودند آنها نمی‌دانستند ما چه کلاهی سرشان می‌گذاشتیم از دو حال خارج نبود یا علائم ساکت می‌شد و تا مدتی بیمار فکر می‌کرد بهبود یافته است و کلی ما را دعا می‌کرد (با خودم گفتم چه دعائی) یا خوب نمی‌شد و با علائم بدتر و گاه عوارض داروها مجبور می‌شد به پزشک مراجعه کند که از آنجا به بعد باز هم به نفع ما بود ما با کلی فروش دیگر سود می‌بردیم ولی حالا چه؟ نمی‌دانیم چه کار کنیم حتی نمی‌توانم یک قرص مسکن بفروشم شما باید به پزشک مراجعه کنید و مراحل درمان را طی کنید! جالب‌تر از همه این که من حتی نمی‌توانم آنرا به شما رایگان بدهم چون سم است و با این کار مورد تعقیب قرار می‌گیرم که چرا به مردم سم داده‌ام زیرا هر داروئی اگر در جای خود مصرف نشود سم مهلکی است .

با تعجب گفتم این‌ها را می‌دانستید و انجام می‌دادید ؟

گفت: آری

گفتم: خوب چرا؟، چرا این کار را می‌کردید ؟

گفت : در جامعه‌ای که مسابقه کسب نفع است جائی برای این سئوال نیست اگر کسی رعایت می‌کرد زیر دست و پا له می‌شد آیا شما دوست دارید زیر دست و پا له شوید ؟

گفتم: نه

گفت: پس این سئوال را در مقابل سئوال خود قرار دهید و پاسخ مناسب را انتخاب کنید! اما حالا دیگر فرق کرده است حالا خلاف نمی‌کنیم یعنی نمی‌توانیم خلاف بکنیم درست است که اوضاع بسیار نسبت به گذشته فرق کرده است ولی در کل به نفع همه است حالا دیگر شهر آرام و بدون خلاف داریم اکنون باید به وظایف دیگر فکر کنیم.

گفتم: اگر این چنین فکر می‌کنید چرا از اوضاع پیش آمده اینقدر ناراحت هستید؟

گفت: ما مدت زیادی به درآمدهای کلان عادت کرده‌ایم حالا معلوم است ترک عادت موجب مرض است تا مدتها سردرگم و ناراحت خواهیم بود ولی مطمئن هستم که اوضاع جدید چنان خوشحالی به ارمغان می‌آورد که از گذشته‌ها متنفر خواهیم شد.

بدون آنکه توانسته باشم قرص بگیرم از آنجا بیرون آمدم و خداحافظی کردم با خود گفتم در چه منجلابی زندگی می‌کردیم و نمی‌دانستیم چقدر عجیب به کثافتهای دور و برمان عادت کرده بودیم فکر می‌کردیم زندگی شیرین و گوارائی داریم.

سردردم شدت می‌گرفت مجبور شدم به توصیه‌های داروساز عمل کنم و به پزشک مراجعه نمایم به مطب پزشکی که در همان نزدیکی بود مراجعه کردم وارد اتاق انتظار شدم و به منشی که رو به روی در بود نزدیک شدم و سلام دادم و سلام سردی گرفتم.

گفتم: ببخشید می‌خواهم وقت ویزیت بگیرم و بیمار هستم.

گفت: برای دو روز دیگر وقت داریم.

گفتم: ولی الان کسی اینجا نیست ومن هم مریض هستم و نمی‌توانم صبر کنم سرم خیلی درد می کند.

گفتند :آقای دکتر بیشتر از ظرفییت خود نمی‌توانند بیمار ببینند اینجا نیستند ایشان بیماران خود را ویزیت کرده و از اینجا رفته‌اند و تا فردا بر نمی گردند.

گفتم: ولی معذرت می‌خواهم معمولاً تا دیروز ایشان هیچ وقت بیماری را رد نمی‌کردند و روزانه تا جائیکه می‌توانستند بیماران را یکی یکی و گاهی چندتا چندتا ویزیت می کردند حالا چه شده است چه اتفاقی افتاده است؟

با خودم گفتم: مگر می‌شود این موج به این‌جا هم سرایت کرده باشد؟

منشی گفت: از ا مروز پزشکان نمی‌توانند بیشتر از ظرفیت روزانه خود بیماران را ویزیت کنند و کسب درآمد کنند آنها می‌توانند رایگان بیمار ببینند ولی اما برای کسب درآمد نمی‌توانند این کار را انجام دهند.

گفتم: خوب حالا تکلیف بیماران اورژانسی چیست ؟

منشی گفت: بیمار اورژانسی باید به اورژانس مراجعه کند.

گفتم: اگر نتوانست چه ؟

گفت وجدان پزشکان بیمار را تنها نگذاشته و نمی گذارد اما از امروز موانعی که قبلاً بر سر راه این وجدان بود از بین رفته و پزشکان با عشق بیشتری به مردم خدمت می‌کنند آنان بیماران را تنها نمی‌گذارند اما بیمار اورژانسی باید به اورژانس مراجعه کند و بیماران غیر اورژانسی اگر ظرفیت یک پزشک در آ ن روز تکمیل باشد باید به پزشک دیگری مراجعه کند آخر می‌دانید باید برای معاینه یک بیمار وقت مناسب وکافی صرف شود و این کاملاً به نفع شما مراجعین است.

با شنیدن این سخنان کمی‌سردردم آرام‌تر شد خدایا یعنی انسان اینگونه قدر و منزلت خود را می خواهد دوباره به دست بیاورد؟

تا دیروز وقتی به مطب پزشک مراجعه می کردیم پزشکان سعی می کردند در کمترین زمان بیمار را ویزیت کنند و به مریض دیگری بپردازند و پول بیشتری کسب کنند گاهی چند بیمار را با هم به اتاق معاینه می‌بردند و اصلاً رعایت اسرار و یا شرم بیمار را نمی کردند ا ما خدا را شکر که این موج صلح و راستی به اینجا نیز سرایت کرده است.

از منشی تشکر کردم و بیرون آمدم.

منشی گفت: وقت نمی‌خواهی؟

گفتم:

نه مثل اینکه حالم بهتر شده است

در حالی که از پله‌های مطب پایین می‌آمدم احساس آرامشی خوشایند سردردم را بهبود می‌بخشید .

خدایا از تو متشکرم که خواب نیستم و هر آنچه که می‌بینم و می‌شنوم واقعیت دارد .

وارد خیابان شدم و به راهم ا دامه دادم به انتهای خیابان رسیدم یک پاسگاه پلیس بود جمعیت زیادی از دور دیده می‌شد با عجله پیش رفتم خواستم ببینم شاید کسی را دستگیر کرده‌اند نکند تمام این خلافهازیر سر عده‌ای بوده و حال با دستگیر شدنشان همه چیز تمام شده است؟

به خودم گفتم نه بابا مگر ممکن است شاید هم بر عکس باشد مسبب این خوبیها را دستگیر کرده‌اند بهتر است بروم و ببینم که چه شده است ؟

به پاسگاه پلیس که نزدیک شدم منظره عجیبی را دیدم عده‌ای از نیروهای پلیس ایستاده بودند و یکی یکی با یکدیگر خداحافظی می کردند و همدیگر را در آغوش می گرفتندهمه شاد بودند خیلی از آنها لباسهای فرم را بیرون آورده و لباسهای شخصی پوشیده بودند فقط عده‌ای درجه‌دار آنجا بودند و آنها را بدرقه

می‌کردند تعجب کردم یعنی چی شده ؟ اینها چقدر با همدیگر مهربان شده‌اند آهسته پیش رفتم و با احتیاط شانه یکی از آنها را تکان دادم .

ببخشید سرکار ؟

او به طرف من برگشت و گفت: بله آقا کاری داشتید .؟

گفتم: عذر می‌خواهم خبری شده است ؟

گفت: منظورتان چیست ؟

گفتم: آخر تا حالا اینجا را اینجوری ندیده بودم خبری است ؟

گفت: مگر در شهر نبوده‌اید؟

گفتم: چرا

گفت: خوب مگر جریانات را نمی‌دانید؟

گفتم: اتفاقاً چرا، صبح که از خواب بیدار شدم متعجب‌تر از اصحاب کهف با تحولی بزرگ روبرو بودم راستش خیابانها را یکی یکی می‌روم و آثار این تحول را نگاه می‌کنم ولی نمی‌دانم این تحولات چگونه به اینجا رسیده اصلاً چه ربطی به پاسگاه پلیس دارد اینجا که مرکز ضد خلاف است ؟

گفت: بسیار خوب دوست من پس جریانات را می‌دانی از وقتی خلاف متوقف شده است یعنی اینکه انسانها دیگر قادر به انجام آن نیستند، حتی اگر بخواهند! نیاز به پلیس در حد بسیار زیادی رفع شده است! حالا این پلیسهای جوان و سربازان وظیفه به خانه‌هایشان بر می‌گردند و دیگر نیازی به وجود آنها نیست فقط تعداد کمی کادر پلیس کافی است که نظم جامعه را حفظ کنند.

گفتم: میشه بیشتر توضیح بدهید من از صبح تا حالا متحیر شده‌ام حالا اگر مسئله را کمی بیشتر باز کنید ممنون می‌شوم.

گفت: بسیار خوب تا دیروز ما پلیس‌ها جان خود را برای حفظ نظم جامعه نثار می‌کردیم البته واقعیت را اگر بخواهید درست است که ما قصد خدمت را

داشتیم اما مسئله مزد و پول هم به شدت مطرح بود ما هم چون شغل دیگری نداشتیم این شغل را انتخاب کردیم به قول معروف هم خدمت و هم شغل یعنی جنبه قداست آن نیز به ما نیرو می‌داد.تا دیروز ما در مقابل انسان‌های خلاف کار می‌ایستادیم و نمی‌گذاشتیم به جامعه آسیب برسانند ما باید جانمان را فدا می‌کردیم تا دانش آموزان، خانه داران، شاغل‌ها، مردان و زنان، دانشمندان در امنیت به این کشور خدمت می‌کردند ولی از امروز اوضاع به یک باره تغییر کرده است دیگر خلاف کارهائی که از دیوار مردم بالا می‌رفتند وجود ندارد پس نیازی نیست که ما شب‌ها در کوچه‌ها و خیابان‌ها تا صبح بیدار و مواظب امنیت باشیم دیگر آنها نمی‌توانند نه اینکه نخواهند، نه، نمی‌توانند این کار را بکنند دیگر دزدی در کار نیست تا وی را دستگیر کنیم دیگر کسی نمی‌تواند روزهای عید مردم را تلخ کند و وقتی آنان در مسافرت هستند به منزلشان برود و دزدی کند چرا که نمی‌تواند انگیزه دزدی خود را به نفع خود استفاده کند، دیگر کسی نیست تا پخش ماشین‌ها را بدزد، نیاز چندانی به آگاهی و نیروهای تعقیب نیست وقتی فکر می‌کنم این بار پلیس نیز امنیت جانی پیدا کرده است واقعاً از خوشحالی در پوست خود نمی‌گنجم، دیگر لازم نیست نیروهای انتظامی جان خود را به خطر بیاندازند و در مرزهای کشور با عوامل قاچاق مواد مخدر درگیر و جان خود را از دست بدهند، دیگر کسی نمی‌تواند مواد مخدر را وارد کشور کند و از راه فروش مواد و آلوده کردن جوانان کشور به سود دست یابد، تمام شد آن دوران، بله یک ترک عمومی اعتیاد بطور اتوماتیک بوجود آمد، دیگر هیچ معتادی نمی‌تواند مواد بدست آورد و آن را مصرف کند ما هم با خیال راحت به جامعه‌ای پاک می‌نگریم و زندگی می‌کنیم و بدون اضطراب با همسر و فرزندانمان در حالیکه افتخار یک عمر خدمت به جامعه را همراه خود داریم در کنار مردم زندگی می‌کنیم کنترل خلاف‌های رانندگی به حدی ساده می‌شود

که گاه ممکن است چند پلیس برای یک شهر کافی باشد بله دیگر نیازی نیست که هزینه‌های کلان را برای نگهداری پلیس داشته باشیم دیگر قاچاقچی مشروب و مواد مخدر نداریم دیگر کسی نمی‌تواند به ا قتصاد کشور ضربه بزند قاچاق کالا بکند و از این طریق زحمت هزاران تلاشگر کشور را بر باد دهد این کار در سراسر جهان تحت نظام خاصی درآمده است که اجرا و شروع آن در یک آکت بوده است و همزمان با هم رخ داده است این موهبت الهی است که خداوند به ما عطا کرده است.

من که از سخنان این سرهنگ عزیز لذت می‌بردم سا کت بودم دوست دا شتم بیشتر بشنوم ا نگا ر این کلما ت مغزم را نوازش می کردند دوست داشتم او را در بغل بگیرم واحساسات درونم را به او نشان بدهم اما نه باید ادامه می‌داد و من لذت گوش دادن را نباید از دست می‌دادم.

ای آسمان تو می‌بینی تو می‌بینی که چه اتفاقی رخ داده است ای آسمان توکه از آن بالا بر فراز سر ما شاهد این همه موهبت هستی چه احساسی داری؟

آیا میتوانی بگوئی که تو شادتری یا من؟

آیا دیگر ناله‌ی کودکان یتیم و مادران یقه دریده را که به سویت رو می کنند نمی‌شنوی؟

آیا دیگر شاهد بی عدالتی‌ها نخواهی بود؟

ای آسمان آیا دیگر ناله از سینه مادرانی که از سوز جگر به تو رو می کنند را نمی‌بینی؟

آیا دیگر فریاد هزاران مظلومی‌را که به امید این که از ورای رنگ زیبایت صدایشان را به پروردگارشان برسانند نمی‌شنوی؟

دیگر فریاد خدا خدا را به سوی خود نمی‌بینی ای آسمان خود را آماده کن که این بار صداهای شادی را به سوی خود بشنوی خود را آماده کن که این بار

خنده کودکان و دختران وپسران ،گنبد نازنینت را نوازش کنند و آنگاه تو ای آسمان به همی کرات دیگر بگو که این انسان این انسان همان که خداوند او را آفرید دیگر قصد کرده که ظلم را خاموش کند و نگذارد که شعله‌اش سینه مهربانت را آزار دهد ای آسمان تو دیگر کمتر شاهد ناراحتی‌های انسان خواهی بود بیشتر فریادهای شادش را می‌شنوی ای آسمان تو به من بگو آن سفید جامه کیست که اینگونه آرامش و صلح را به همه جا آورده است .؟

آن کیست که این خوان نعمت را گسترانده تا همه از آن بهره‌مند شوند؟ کیست که مظلوم را از چنگ ظالم و ظالم را از چنگ خود رهانیده است کیست آن ؟

آ سمان شنیدی چه گفتند ؟ گفتند دیگر مادران از اعتیاد فرزندانشان جگرهای سوخته خود را به تو نشان نمی‌دهند آنان دیگر شاهد مرگ فرزندانشان نخواهند بود شنیدی و تو دیدی چه گفتند .؟

ای آسمان دیگر ابرهایت بر آتش قهر نمی‌بارند تا بلکه اندکی آنرا آرام کنند؟ آری این بار بر سبزه زارهای شادی می‌بارند تا رقص باران را جشن بگیرند.

ای آسمان آیا می‌دانی که دیگر شاهد آن نخواهی بود که رابطه دختران و پسران و مردان و زنانت را آلوده به گناه ببینی. شنیدی که زنان گفتند دیگر نمی‌توانند تن فروشی کنند شنیدی که این بار جز به نیروی عشق هیچ ارتباطی بر قرار نخواهد بود .؟

سرهنگ می‌گفت دیگر شاهد آن نخواهیم بود که دختران جوان و کودکان را برای سوء استفاده جنسی به کشورهای دیگر ببرند و از آنها برای کسب درآمد استفاده کنند پس دیگر نیاز چندانی به پلیس نیست . دیگر کسی نمی‌تواند آثار باستانی ملتی را غارت کند و آن را برای کسب نفع خود به کشوری دیگر ببرد و به دست انسانهای ضد فرهنگ به فرهنگ ملت‌ها خیانت کند این دیگر ممکن نیست .دیگر نوع عملکرد پلیس عوض خواهد شد ما شاهد جرمهای عمدی

نخواهیم بود شاید جرمهای سهوی بمانند که آنهم به گونه‌ای شایسته‌تر قابل حل هستند و آنچنان نیستند که شدت و خشونت را برای آن به کار برد. ما دیگر نیازی به مرزبان نداریم دیگر تجاوزی نخواهد بود دیگر هیچ قومی بر قوم دیگر نمی‌تازد (بنابراین ما دیگر به ارتش نیز نیاز نداریم سربازان به خانه‌هایشان بر می‌گردند و پادگان‌ها به ورزشگاه‌ها تبدیل می‌شوند ما دیگر نمی‌توانیم منابع ملت‌ها را برای مصارف نظامی هزینه کنیم این کار دیگر شدنی نیست بنابراین چون در هیچ جای جهان چنین امری ممکن نیست پس کلمه دشمن از فرهنگ ملتها حذف شده است و چون این کلمه دیگر موجود نیست نیاز به ارتش هم نیست حال هزینه‌هائی که برای چنین مصارفی بکار می‌رفت به ملت‌ها داده می‌شود انسان نیازهای خود را رفع می‌کند و دیگر اتلاف هزینه نداریم مردم دیگر شاهد کشته شدن فرزندانشان نخواهند بود دیگر معلول نخواهیم داشت و قداست هر ملتی بطور خود به خود محفوظ است این دیگر حتمی‌شده است.

خیلی دوست داشتم علت این همه تغییرات را بدانم هر بار با شنیدن میزان گسترش موج تغیرات مشتاق‌تر می‌شدم تا علت را بدانم آخر چگونه چنین امری رخ داده است؟)

خدایا تو به من این توانائی را بده که بتوانم این علت را پیدا کنم.

بی اختیار و به رسم شادی جناب سرهنگ را در آغوش گرفتم و از او خداحافظی کردم.

از آنجا دور شدم ولی ناگهان چیزی به خاطرم آمد .چرا از سرهنگ نپرسیدم پس تکلیف دادگاه‌ها و دادسراها چه می‌شود؟ چه تغییراتی در آنجا صورت می‌پذیرد؟ وقتی خلاف دیگر نمی‌تواند در جامعه جریان بیابد حتماً این تغییر در روند دادگاه‌ها نیز مؤثر خواهد بود خواستم برگردم و این سئوال را از سرهنگ بپرسم اما اندیشیدم که بهتر است مستقیماً به دادگا ه بروم و تغییرات را از

نزدیک بپرسم به طرف دادگاه رفتم وقتی به آنجا رسیدم دیدم عده‌ای از کارمندان بیرون ایستاده‌اند، قاضی‌ها و دادیارها هم از جمله آنها بودند وگویا از تغییرات به عمل آمده حرف می‌زنند جلوتر رفتم و سلام کردم و از یکی از آنها پرسیدم : اتفاقی افتاده است ؟

گفت؟ مگر در شهر نبودی و نمی‌دانی ؟

گفتم: چرا ولی می‌خواهم بدانم چه تأثیری در اینجا داشته است ؟

آن مرد گفت : از امروز صبح حرکت خلاف بطور چشمگیری در جامعه کم شده است و با توجه به کاهش شدید و از بین رفتن حجم خلاف نیاز به کارمندان و قاضی‌ها کم شده است بنابراین عده زیادی از کارمندان به خانه‌هایشان باز می‌گردند و فقط دو، سه نفر در اینجا می‌مانند و به کارهای مردم رسیدگی می‌کنند باتوجه به این تغییرات می‌توان پیش بینی کرد این دو نفر در اکثر اوقات خود نیز بیکار باشند و کاری نداشته باشند که بکنند فقط محض احتیاط آنها می‌مانند همین!

ناگهان فکر عجیبی به ذهنم رسید !

پرسیدم : به خانه‌هایشان می‌روند؟منظورتان اینست که بیکار می‌شوند ؟پس تکلیف زندگی‌شان چه می‌شود ؟

آن مرد با لبخند گفت: بله، ولی این تغییرات شامل کلمه بیکاری هم شده است، دیگر بیکاری مفهوم گذشته را ندارد، بیکاری این بار مفهوم دیگری پیدا کرده است.

این بار دیگر حق داشتم از تعجب شاخ در بیاورم!

یعنی این موج در معنی و مفهوم کلمات هم تأثیر گذاشته است ؟

در حالیکه او نیز به تعجب من پی برده بود از او سئوال کردم ببخشید اگر ممکن است بیشتر توضیح بدهید ؟

او گفت : در چه مورد ؟

گفتم: در مورد همین تغییر مفهوم بیکاری .

گفت: راستش این پاسخی بود که در جواب سئوال خود دریافت کردم، ما نیز از مقامات پرسیدیم: پس تکلیف این کارمندان که بیکار می‌شوند چیست ؟

آنها هم این جواب را به ما دادند ، گویا قرار است به تفصیل بیشتر توضیح داده شود، همین قدر را گفته‌اند که نباید نگران با شیم ، دیگر مفاهیم نیز تغییر یافته‌اند یعنی دیگر بیکاری آن بیکاری نیست که قبلاً بود حالا دیگر فقیر نداریم چه برسد به بیکار !

گفتم: ولی این طور نمی‌شود ، شما خود یک تحصیل کرده هستید ببخشید این حرف را می‌زنم ولی دنیا را کار نگه داشته است می‌دانید که اگر کار نکنیم حیات انسان به خطر می‌افتد آخر چگونه ممکن است چنین مفهومی‌دستخوش تغییری شده باشد که به نفع بشر باشد ؟

آن مرد گفت: من یک قاضی هستم شاید الان نتوانم به این سئوال پاسخ دهم به شما توصیه می کنم با یک اقتصاددان در این مورد صحبت کنید .

گفتم: راست می‌گویید شاید بهتر باشد سئوالات مربوط به حرفه خودتان را بپرسم تا عمق تغییرات را در این مورد فعلاً بدانم بعد از یک اقتصاددان این سئوال را بکنم .

بسیار خوب اگر اینطور است از این ببعد کار شما چه خواهد بود ؟

گفت: سئوال خوبی است این مربوط به حرفه من است. کار ما از این ببعد به مسائلی مربوط می‌شود که خود بخود وجود دارند و انسان آ نها را بوجود نیاورده است .

گفتم : لطفاً بیشتر توضیح بدهید .

او گفت: ببینید تاقبل از امروز بیشتر امور در دادگاها مر بوط به خلافهای ساخت دست انسان بـود مثلاً در نظر بگیرید مـواد مخدر چه مقدار به خلافهای جامعه اضافه می کرد ما روزانه با هزاران پرونده ناشی از این خلاف که خود هزاران خـلاف دیـگر از جـمله قتـل ـ تجا وز ـ هتک حرمت ...... را به همراه داشت مواجه بودیم یا مثلاً دزدی که خود گاه باعث مسائل جانبی دیگری نیز می‌شد یا ... ولی حالا با توقف جریان خلاف در جامعه دیگر این مسائل خود بخود حل شده است و نیازی به دادگاه ندارد از این ببعد شاید ما بیشتر متوجه مسائلی باشیم که ناشی از اختلاف سلیقه است تا ناشی از تجاوز به حقوق دیگران ما باید سلیقه‌ها را بهم نزدیک کنیم دیگر حتی معنی و مفهوم قانون و قضاوت نیز خود بخود تـغییر می کند. مثلاً تصور کنید دیگر ما در دادگاه خانواده پرونده‌ای نخواهیم داشت که به خاطر اعتیاد همسر مطرح شود و یا حتی بسیار بسیار مهمتر اینکه بسیاری از مسائل اختلاف خانواده‌ها به خا طر تحریکا ت عصبی ناشی از جامعه پیش می‌آمد حالا دیگر با آرامشی که بر جامعه حاکم شده است به طبع چنین چیزی پیش نخواهد آمد.

با این سخن یکباره به فکر رفتم او راست می گفت: بله بسیاری از مسائل خانواده به خاطر تحریکات عصبی و تنش‌های عصبی ناشی از خلاف‌های جامعه پیش می‌آمد حالا دیگر این‌ها در کار نیستند .!

او ادامه داد و گفت: مثلاً شما تصور کنید که ما دیگر کودک آزاری را یا نداریم یا بسیار کم خواهیم داشت زیرا بعضی از مسائل مربوط به کودک آزاری ناشی از بیماری‌های روانی است که ممکن است ارتباطی به اعمال خلاف جامعه نداشته باشد اما در اکثر موارد آ ن خلافهای جامعه جزء اصلی علت بوجود آمدن آن می‌باشند بنابراین آیا چنین پرونده‌هائی با چنین حجمی‌پیش می‌آید؟ طبعاً نه .

البته مسائل دیگری نیز وجود دارد که، ناشی از غرائز انسان است مثلاً مرد یازنی که بعلت نیروی هوی و هوس خود مرتکب هتک حرمت به فرد دیگر می‌شود اگر چه نمی‌توان انگیزه را از میان برد اما با تغییراتی که پیش آمده بسیار بهتر از گذشته مهار می‌شود یعنی مهار بسیار قویتری که نیاز به هزینه نیز ندارد، یعنی دیگر لازم نیست شما حتماً به شدت قبل مواظب اوضاع باشید تا چنین چیزی پیش نیاید. کنترل این مسائل اگر چه به صفر نمی‌رسد اما در حد صفر می‌توان آنرا حفظ کرد زیرا می‌دانیم که غرائز گاه بر انسان غلبه می‌کند و اندیشه را از راه به در می‌کند. به خاطر همین مسائل است که لازم است دو یا سه نفر این جا بمانند و مسائل این چنین را قضاوت کنند که البته به مرور زمان این نیاز نیز کم می‌شود. ما دیگر پرونده‌های به خاطر فروش کودکان و دختران برای سوء استفاده جنسی نخواهیم داشت. آیا می‌دانید همین مسئله چه مشکلاتی را در جامعه در سراسرجهان پیش آورده بود آیا می‌دانید توقف این روند یعنی چه؟ اگر کمی‌دقت کنید به اوج این پیروزی و عظمت کار پی خواهید برد!

آیا می‌دانید مسائل مربوط به چک و مشکلات بازار به شدت حل شده و دیگر چنین پرونده‌ای وجود ندارد؟

آیا می‌دانید همسران و فرزندان دیگر شاهد به زندان رفتن عزیزانشان به خاطر این مسائل نخواهند بود.

حالا آیا شما تصدیق نمی‌کنید که ما دیگر باید به خانه‌هایمان برگردیم. ما نیز برمی‌گردیم و به کار مفیدتری می‌پردازیم آنگاه از محل همین کارهای مفید آیا می‌دانید چه مشکلات دیگری در جامعه حل می‌شود یعنی جهان از یک سیکل معیوب به یک سیکل بهبود کشانده شده است!!

آیا می‌دانید این چه حرکت عظیمی است و چه نعمت بزرگی برای بشر است ؟

آیا می‌دانید ما دیگر پرونده‌ای تحت عنوان اختلاس نداریم؟ آیا می‌دانید دیگر هیچ کس نمی‌تواند اختلاس کند؟ آیا می‌دانید جهان به امنیتی رسیده است که حتی تصورش نیز تا قبل از این مشکل بود. بله ما دیگر پرونده‌ای را برای کارمند بانکی که اختلاس کرده نداریم ما دیگر نگران آن نیستیم که باید فرد متعهدی را پیدا کنیم تا پست حساس را به او بسپاریم دیگر لازم نیست تا فردی که به خود سازی کامل رسیده و به خویشتن‌داری دست یافته و از فضائل اخلاقی کافی بر خوردار است پیدا کنیم تا پست‌های حساس جامعه را که نیاز به امنیت دارند به او بسپاریم.

آیا می‌دانید این چه معنی عظیمی‌دارد دیگر همه مجبورند صالح باشند !

چیز جالب دیگری را هم می‌خواهم برایت بگویم که شاید موجب تعجب بیشتری در تو گردد .

گفتم : بگویید گوش می کنم .

گفت: آیا می‌دانی مفهوم زندان نیز از این پس خود بخود فرق کرده است .؟

گفتم: زندان نه زندان یک فضاست چگونه ممکن است تغییر کند یعنی این مفهوم نیز تغییر کرده است؟

گفت: بله مگر نمی‌دانی خلاف متوقف شده است پس زندان که محل خلاف کارهاست باید از این تغییرات متأثر شود .

گفتم : بله اما این تغییرات باید در کمیت باشد نه در کیفیت اگر منظورتان تغییر کمی است خوب این با توجه به اوضاع پیش آمده طبیعی است اما اگر منظورتان تغییر کیفی است مایلم بیشتر توضیح بدهید .

گفت: از نظر کمی می‌دانید که تغییر با توجه به شرایط طبیعی است اما ما یک تغییر کیفی نیز داریم .

با نگاهم او را تشویق به ادامه کردم .

او گفت: می‌دانید که تا قبل از این در سراسر دنیا هزینه‌های زیادی برای زندان صرف می‌شد و این خود یک سیکل معیوب را به جامعه تحمیل می‌کرد بیکاری این زندانیان، هزینه‌های نگاهداری وغذا و بهداشت، هزینه‌های پرسنلی که برای ممانعت از فرار آنان صرف می‌شد و غیره.......

حالا دیگر با تغییر این مسائل تعریف جدیدی برای فضای زندان مطرح می‌شود . همانگونه که قبلاً گفتم بعضی از خلاف‌ها در ذات انسان است مثلاً فردی که اختلال شخصیت ضد اجتماع دارد اگر چه با توقف خلاف می‌توان بهبود نود در صد را برای وی انتظار داشت اما آن ده درصد دیگر که مربوط عکس العمل این افراد به مسائلی چون توانائی‌های فردی اشخاص است را شاید هنوز داشته باشیم مثلاً شخصی ممکن است نسبت به توانائی‌های مختلف یک فرد از جمله زیبائی او یا غیره حسادت کند و قصد آزارش را داشته باشد این دیگر موضوع متفاوتی است اگر چه این نیز مهار بیشتری برایش پیش آمده اما محض احتیاط اگر چنین مسئله‌ای پیش آمد تعریف زندان برای چنین شخصی با تعریف زندان برای شخصی که مشکل دیگری پیش آورده متفاوت خواهد بود بله شکل زندان و فضای آن بکلی تغییر می‌کند و زندان نیز به سیکل بهبود می‌پیوندد دیگر آن همه اشکالاتی که برای زندان مطرح بود وجود ندارد و کاملاً در اصلاح جامعه مؤثر و بدون عوارض خواهد بود ما دیگر زندان را در شکل گذشته‌اش نخواهیم داشت. ما دیگر پرونده‌ای نخواهیم داشت که فردی بخاطر عدم پرداخت تعهد خود موجب ضرر و زیان دیگری شود مثلاً دیگر هیچ ضامنی بخاطر فرار وام گیرنده به ما مراجعه نمی‌کند .

من به او نگاه کردم و گفتم: کاش خداوند در این مدت آ نقدر به من عمر بدهد که علت اینهمه تغییرات را بدانم آخر چرا تا دیروز آ نهمه مشکلات و عوارض

وجود داشت و حال جهان چنان تغییر کرده که چیزی از آ نهمه مشکلات باقی نمانده است؟

آخر مگر ممکن است در زمان کوتاهی چنین تغییرات زیادی رخ دهد ؟

قاضی گفت: درست است که آناً این تغییرات را دریافتیم اما ظاهراً باید زمینه‌های این تغییر ناگهانی مر بوط به زمانهای دیگری باشد که به ناگهان اثرش بروز کرده است .

گفتم: بله منطق نیز این گفته شما را تایید می‌کند اما آنچه که برایم مهم است یافتن پروسه‌ایست که منجر به این تغییر شده است .

او گفت: بله باید برای سیراب کردن حس علت یابی خودمان دلیل آنرا بدانیم.

گفتم: من هم به همین دلیل راه افتاده‌ام و و تغییرات را مشاهده می‌کنم امیدوارم شخص یا نکته‌ای را بیابم که مرا به سر چشمه این پدیده و علت آن رهنمود کند.

از او خداحافظی کردم و به خاطر توضیع تغییرات و تحولات پیش آمده از او تشکر کردم و رد شدم از آن جا گذشتم و همانگونه حیران و متعجب مردم را می‌نگریستم مردمی که همه متحیر و متعجب بودند بسیاری از وقایع را که می‌دیدم برایم تکراری بود همانهائی بود که شنیده بودم و برای من طبیعی بود که این موج تحول به اینجا هم رسیده باشد و همان طور که پیش می‌رفتم ناگهان خود را مقابل اداره مالیات و دارائی دیدم آنجا منظره عجیب و جالب‌تری را دیدم. دیدم که اداره مالیات و دارائی تعطیل می‌شد و کارمندان همه با هم می‌رفتند و مشغول قفل کردن درها بودند با خودم گفتم حتی اگر قبول کنیم که تحول به اینجا نیز رسیده باشد نباید این قدر عمیق باشد که منجر به تعطیلی آن شود لااقل باید چند نفر بمانند نهایتاً می‌بایست کارشان سبکتر و را حت تر می‌شد بنابر این بی اختیار پیش رفتم و علت را جویا شدم.

رئیس سازمان گفت: دیگر نیازی به کارمند دارائی نیست زیرا همه چیز به طور خود به خود در جای خود قرار گرفته است ما مالیات را برای برقراری توازن می‌خواستیم حال دیگر توازن به استحکام بسیار زیادی رسیده است بنا بر این چنین دا یره و اداره‌ای دیگر وجود خارجی نخواهد داشت .

گفتم: چی یعنی دیگر دارائی و مالیات و غیره مفهومی ندارد؟

گفت: چرا ا ما نیازی به زور و محاسبه و بازرسی و غیره نیست.

کمی فکر کردم دیدم راست می‌گوید بنابر این برگشتم و گفتم: صبر کنید پس شما چه کار می‌کنید؟

در حالی که به راهش ادامه می‌داد برگشت و گفت: ما از این به بعد مفیدتر خواهیم بود و کار مفیدتری انجام می‌دهیم و از این بابت وا قعاً خوشحال هستیم. شاد شدم و با خود گفتم: بسیار خوب پس دیگر لازم نیست کسی که واقعاً حق با اوست هزار مدرک بیاورد تا حقانیتش را ثابت کند و در عوض کسی که دروغگو است دیگر نمی‌تواند با دروغ و رشوه و مدارک تقلبی از چنگ توازن اجتماعی فرار کند راستی در طی این سالها چه انسانهائی که به خاطر دروغ عده‌ای انسان دیگر محکوم به پرداخت مالیاتهائی شدند که حقشان نبود و در عوض چه انسانهائی که از دادن مالیات فرار کردند در حالی که باید مالیات می‌دادند یعنی دیگر از این مسائل خبری نیست چه کارمندانی که با گرفتن رشوه این انسانها را از پل صراط جامعه به ناحق عبور دادند و در عوض انسانهای صادق را در جهنمی انداختند که حقشان نبود حالا جهان اینگونه تغییر کرده است یعنی کسی دیگر جور کم کاری دیگران و پرداخت‌های دیگران را نمی‌کشد بسیاری از انسانها جور انسانهای دیگر را می‌کشیدند، بله، عده‌ای با ندادن مالیات و ظایفشان را بر دوش دیگران قرار می‌دادند ولی دیگر چنین

امکانی نیست حالا دیگر نمی‌توانند نه اینکه نخواهند بلکه نمی‌توانند حالا دیگر همان روزی است که کسی نمی‌تواند کاری برایشان بکند.

ا ی پروردگار عالمیان چه نیکو سایه‌ای از عدالت را گسترانیدی تا به دیگران بگوئی که از ا جرای عدالت گریزی نیست.

یک باره چیز عجیبی به ذهنم رسید به دنبال رئیس اداره دارائی و مالیات دویدم و از دور صدایش زدم صبر کنید لطفاً، خواهش می‌کنم صبر کنید او نیز وقتی صدای مرا شنید ایستاد نفس نفس زنان رسیدم با همان حال خسته پرسیدم خوب حالا یک سئوال برایم پیش آمده و فکر می‌کنم با توجه شغل قبلی‌تان باید از شما بپرسم به من نگاه کرد و گفت: خوب بفرمایید:

گفتم: دارائی، آیا مفهومش عوض شده است؟

در حالیکه به من نگاه می‌کرد گفت: منظورت چیست نمی‌فهمم؟

گفتم: چند لحظه قبل با رئیس دادگاه صحبت می‌کردم در حین صحبت و توضیح متوجه شدیم سیر این تحولات به مفاهیم هم رسیده است خوب با توجه به توقف خلاف حالا انتظار می‌رود تغییری نیز در این مفهوم پیش آمده باشد.

سرش را تکان داد و مثل اینکه تازه متوجه سئوال شده بود گفت: بله.

گفتم: چگو نه؟

گفت: خودت چه فکر می‌کنی؟ فکر می‌کنی با این تغییرات پیش آمده انتظار چه تغییر و تحولی را باید داشته باشیم.؟

گفتم: نمی‌دانم شما در قسمت دارائی و مالیات بوده‌اید شما باید این تغییرات را بهتر بتوانید حدس بزنید.

آرام ایستاد و گفت: تا دیروز که هر کس می‌توانست از هر طریق به دارائی‌های زیادی دست یابد، شاهد پایمال شدن حقوق زیادی بودیم این مسائل در طول

تاریخ بارها و بارها و در اقوام مختلف روی داده است. شاید برای شما هم تعریف کرده باشند که فردوسی کتاب با عظمت شاهنامه‌اش را به نزد سلطان محمود برد و او طوری رفتار کرد که تاریخ هرگز آنرا فراموش نمی‌کند یا هزاران مورد دیگر از افرادی که جهان را با زحمات خود دگرگون کردند اما خود از زحمات خود بهره‌ای نبردند و نصیبی نداشتند آیا می‌دانی که این چه ظلم بزرگی بود در حق این افراد؟ آیا می‌دانی بیشتر دانشمندانی که با اکتشافات و اختراعشان جان هزاران انسان را نجات دادند فقیرانه مردند؟

آیا میدانی در شب‌هائی که پرستاران و پزشکان شب زنده‌دار بودند کسان زیادی در همان شب‌ها در قمارهایشان میلیون‌ها برابر زحمات آنان را می‌باختند و می‌بردند ؟

آیا میدانی در همان شب‌ها چه شاعران و نویسندگانی نمی‌خوابیدند و میراث نسل‌ها را حفظ می‌کردند تا بتوانند آنرا به نسل‌های دیگر بسپارند اما خود هرگز از زحمات خود بهره‌ای نبردند ؟

آیا هرگز به این فکر کرده‌ای که تاکنون چه ظلمی‌در حق این انسانها شده است و آنان به حرمت نجابت خودشان دم بر نمی‌آوردند؟

چه انسان‌های نالایقی که از راه‌های خلاف به مال‌های زیادی رسیدند و پشت ماشین‌های آخرین سیستم و در ساختمان‌های مجلل نشستند و سبب شدند تا انسانهای تلاشگر نا امید شوند این انسان‌های تلاشگر وقتی می‌دیدند در جامعه افراد نالایق بالا می‌روند و آنان با همه لیاقت‌شان سرکوب می‌شوند نیرو و انگیزه خدمت کردن را یا از دست می‌دادند و یا به شدت در وجودشان تضعیف می‌شد حالا دیگر این چنین نیست بلکه در کسب دارائی علاوه بر تلاش و زحمت فاکتورهای اصلی دیگری نیز مطرح هستند و با توجه به توقف روند خلاف

و بـه وجود آمدن سیکل بهبود دیگر کسی ضرر نمی‌کند بلکه هر کس به ا ندازه تلاش درست و واقعی و حقیقی خود دارائی کسب می‌کند .

ناگهان اندیشه‌ای در ذهنم جریان یافت و گفتم: منظورت نوعی حکومت کمونیستی که نیست ؟

او خندید و گفت: نه عزیز من این گسترش عدالت است البته که با نظام کمونیستی تباین شدید دارد وبه هیچ وجه کمونیستی نیست هر کس می‌تواند حاصل تلاشش هر چه قدر که باشد به دست آورده و داشته باشد آنچه که پیش آمده توقف خلاف است یعنی دیگر مقدور نیست که از راه خلاف کسب ثروت کنیم نفس کسب ثروت هنوز پا برجاست و اصولاً این کسب ثروت یکی از ارکان اصلی حفظ جامعه است اگر این انگیزه نباشد چرخ زندگی و حیات متوقف خواهد شد شما که سرنوشت کشورهای کمونیستی را دیده‌اید این سرنوشت خیلی وقت است که محکوم به شکست شده است کمونیستی یعنی دیکتاتوری فقر اما این جا امپراتوری صلح است نه دیکتاتوری. این جا پرچم پیروزی راستی و درستکاری افراشته شده است ببین تفاوت تا به چه حد است دیگر آن زمان گذشته که انسان حاصل زحمات خود را نبیند و آن زمان نیز نیست که بیشتر از زحماتشان را تنها براساس معیارهای کاذب بتوانند به ناحق از جامعه بگیرند توازن و تناسب و بهبود خود به خود در جامعه برقرار گشته است .

آیا نمی‌دیدی در همان زمان که کودکان درکشورهای مختلف جهان از گرسنگی رنج می‌کشیدند و قحطی در بسیاری از نقاط جهان سایه شومش را گسترانده بود در همان زمـان در کـلوپ و بـاشگـاه‌های ورزشی بازیکنان با قرادادهای میلیون دلاری بازی می‌کردند؟

نمی‌دیدی که ورزش چگونه خرید و فروش می‌شد؟

نمی‌دیدی که انسان به خا طر سلامتی ورزش نمی‌کرد و هیچ چیز مفهوم واقعی خودش را نداشت .؟

بازیکنی با قراداد دویست وپنجاه ملیون دلاری از یک باشگاه به باشگاه دیگر می‌رفت اما کشوری باید منتظر وام پنجا ه ملیون دلاری می‌بود تا مشکل کودکانشان را حل کند که در بسیاری از موارد حتی وامش را هم تصویب نمی‌کردند حالا دیگر چنین نیست شما دیگر شا هد فقر کودکان و گرسنگی آنها نیستید و البته رسیدن به قله ثروت نیز غیر ممکن نیست فقط از راه راست،،، میدانید که مشکل‌تر است. بنابراین این‌کار غیر ممکن نیست فقط باید از راه راست و بدون خلاف به آن رسید که البته لذت آن میلیونها برابر زمانهای گذشته است و در ضمن پایداری آن نیز بسیار بیشتر است یعنی در مجموع انسان نفع بسیاری می‌برد که بسیا ر ثا بت‌تر از گذشته است که ا لبته این از خصوصیات مال پاک است و می‌دانید که ناپایداری از مشخصات مال پلید است. دیگر شاهد ثروتهای پلید نیستیم و انسان تنها حق ثروت پاک را دا رد .

حرفهای او همچون نسیم بهاران مرا نوازش می‌داد و مثل مسکن روح بود چقدر آرام گرفتم وقتی این سخنان را شنیدم. او ادامه داد و گفت: در سالهای قبل در بسیاری از موارد شاهد بودیم که فرزندی دارائی پدر را بعد از مرگش با ظلم از برادران و خواهران خود می‌گرفت و از این طریق با ظلم به دیگران به ثروت می‌رسید.کم نبودند ورثه‌هائی که بر اثر این ظلم‌ها دارائی خود را از دست می‌دادند ولی حالا با این معجزه دیگر چنین چیزی ممکن نیست و در دادگاه‌ها نیز چنین پرونده‌هائی وجود نخواهند داشت .

وقتی فکر کردم دیدم کجا بشر می‌تواند شکر این آرامش را بجای آورد در همان لحظه به فکر رفتم و به قرنهای گذشته باز گشتم آنگاه که فردوسی مجبور شد آن دُرِّ خود را به پای کسی بریزد که از علم و هنر چیزی نمی‌دانست و

اینگونه پاسخ بی‌ادبانه بشنود که تاریخ آن را فراموش نکند و نسل به نسل بازگوشود.آیا این آه دانشمندان و مظلومان است که سر برآورده و چنین تحولی را سبب شده است خانه گِلِی سعدی و فقر حافظ که حقشان نبود اینگونه ندا داده است که بس است این نابرابری .

دیگر هر چیزی در جای خود خواهد بود و چه زیباست این نظم و توازن وه! که چه زیباست !

حال دیگر هر انسانی با عشق و اشتیاق به خدمت دیگران می‌پردازد خدایا حالا دیگر می‌توان مطمئن بود که انسان افلاك را می‌پیماید و به هدف خلقت خود نزدیکتر می‌شود آری این بار مسائل دست و پاگیر برداشته می‌شوند و انسان این بار باید بداند که چرا آفریده شده است و چه مأموریتی دارد که به زمین آمده است بله نیامده‌ایم که مسائلی این چنین ما را از هدف اصلی‌مان دور کند اما چه کنیم که تا به امروز اسیر آن بودیم و حالا به لطف خدا گویا زمان آن رسیده که نباشیم و به آنچه که برایش آفریده شده‌ایم برسیم بله درست است .

از رئیس اداره دارائی تشکر کردم و او گفت: حالا فهمیدی دارائی از این ببعد چه مفهومی‌دارد؟

گفتم : آری فهمیدم و چه لذتی از این فهم بردم .

از آن جا دور شدم و در افکار خودم به گذشته‌ها بر می گشتم گاه به آینده فکر می‌کردم وگاه تحولات پیش آمده را نظاره می کردم به مردمی که درباره‌ی این تحولات با هم صحبت می‌کردند می‌نگریستم. ناگهان خود را در مقابل در دانشگاه دیدم چه اتفاق به جائی .!!

در جلوی دَرِ دانشگاه دانشجویان ایستاده بودند و با هم مشغول صحبت بودند از این که این جمع را می‌دیدم خیلی خوشحال بودم با خود گفتم باید ببینم این تحول چگونه در دانشگاه تاثیر گذاشته و این جمع فرهیخته چگونه از این مسائل

متأثر شده‌اند. با خوشحالی پیش رفتم عده دانشجویان بسیار زیاد بود دختران و پسران با هم مشغول بحث بودند آنها به ریشه‌های این تحولات می‌اندیشیدند و به چیزهایی که مایه‌ی تعجبشان شده بود با دید دقیق‌تری می‌خواستند بنگرند در میانشان راه می‌رفتم و به قیافه‌هایشان نظر می‌کردم می‌خواستم شخصی را بیابم که بتوانم سر سخن را با او باز کنم به همین جهت نمی‌خواستم عجله کنم می‌خواستم مناسب‌ترین فرد را بیابم تا بتوانم علت را بهتر دریابم.

ناگهان فردی را دیدم که تنها بود چشمانش را به زمین دوخته و به فکر فرورفته بود با خود اندیشیدم حتماً او بیشتر از دیگران به مسائل حساس است که اینگونه به فکر فرورفته است .

جلو رفتم سلام کردم و او را از افکارش بیرون کشیدم نگاهی به من کرد و سلامی که فردی به فرد ناشناس می‌دهد به من تحویل داد و گفت : بفرمائید کاری داشتید.؟

با لبخند ملایمی گفتم: بله اگر ممکن باشد سئوالی دارم .

گفت : چه سئوالی ؟

گفتم: می‌دانم این دانشجویان چرا این‌جا هستند چون کم و بیش از صبح امروز با تحولات پیش آمده روبرو شده‌ام فقط می‌خواستم ببینم این محیط که با بقیه محیط‌ها فرق دارد و این جمع که همه انتظار دیگری از آنان دارند چگونه از این تحولات متأثر شده‌اند ؟

لبخندی زد و گفت: شما که از صبح تا حالا به دنبال تأثیر این موج تحول در جامعه بوده‌اید ا نتظار چه تغییری را دارید؟ تا امروز فکر می‌کردیم این محیط تافته جدا بافته است اما ا مروز با گسترش موج تحول معلوم شد اینجا خانه سستی بوده و ما خبر نداشتیم .

گفتم: منظورتان چیست؟

گفت: تا قبل از امروز فکر می‌کردیم افکار نیک ما را به اینجا هدایت می‌کند اما امروز معلوم شد که چه عواملی ما را به اینجا هدایت کرده است به همین دلیل هر یک از این افرادی که اینجا می‌بینی بر اساس انگیزه‌شان دچار تحول شده‌اند.

این حرف برایم بسیار جالب بود به همین دلیل رنگ صورتم تغییر کرد و او هم از روی تغییر چهره‌ام متوجه شد که من برای شنیدن صحبت‌هایش مشتاق‌تر هستم و ادامه داد: وقتی موج تحولات بروز کرد زبان اقرار دانشجویان باز شد و حتی انگیزه‌های درونی‌شان نیز آشکار گشت از امروز شاید دیگر شاهد تراکم دانشجو نباشیم شما شاید از این ببعد دانشگاه خلوتی داشته باشید.

گفتم: چگونه؟

گفت: اگر دقت کنید و به سخنان این دانشجویان گوش دهیم شاید بتوانیم نتیجه‌گیری بهتری داشته باشیم.

من با پیشنهاد او موافقت کردم و با هم پیش رفتیم به گروهی از دانشجویان رسیدیم و به صحبت‌هایشان گوش دادیم آنها دانشجویان حقوق بودند و می‌گفتند: با توجه به تغییرات پیش آمده دیگر رشته حقوق نمی‌تواند رشته نان و آب داری باشد ما امیدوار بودیم از خلاف مردم نان بخوریم حالا با توقف خلاف دیگر ما از نان‌خوردن افتاده‌ایم بهتر است فکر کار دیگری باشیم ما دیگر نمی‌توانیم ژست بگیریم و رشته تحصیلی‌مان را به رخ دیگران بکشیم حالا دیگر وکیل و قاضی آن ابهت سابق را ندارند زیرا خلاف خود به خود انجام نمی‌گیرد و در بسیاری از موارد قضاوت قبل از اینکه بخواهیم انجام شده و عدالت رعایت گشته است این رشته دیگر به درد نمی‌خورد.

او به من اشاره کرد و گفت که رد شویم چند قدم آن طرفتر گفت: دیدی تمام این‌ها حرف از نان و آب می‌زنند می‌دانی این یعنی چه؟ یعنی این که آنان

انگیزه‌شان همین بوده است چنین انسانهایی به جامعه می‌آمدند و قضاوت می‌کردند دیدی که همان تحولی که در بقالی‌ها و سوپر مارکت‌ها رخ داده اینجا هم به نوعی دیده می‌شود اگر انگیزه چیز دیگری بود حالا تصورها نیز به گونه‌ای دیگربود.

چند قدم دیگر به گروه دیگری رسیدم آنها نیز دانشجویان حقوق بودند آنها می‌گفتند: از این پس باید منتظر تغییر و تحول در قانون بود آنان بیشتر به تحولات علمی این موضوع فکر می‌کردند.

او گفت: ملاحظه می‌کنید اینها هم دانشجوی حقوق هستند فکر می‌کنید چند درصد دانشجویان حقوق اینگونه فکر می‌کنند از این به بعد تنها کسانی به حقوق می‌پردازند که به مسائل علمی آن توجه دارند بنابر این شاهد قضاوت قاضی‌هائی خواهیم بود که لیاقت این نشان را واقعاً دارند .

کمی جلوتر به گروه مهندسین عمران رسیدیم اندکی ایستادیم تا سخنانشان را بشنویم آنها می‌گفتند: دیگر از درآمدهای کلان خبری نخواهد بود و هر کس به اندازه لیاقتش اعتبار خواهد داشت دیگر نمی‌توانیم از بالا بردن برجها هر سودی که بخواهیم بدست آوریم آخر قسمت اعظم این سودها خلاف بود و با توقف خلاف آن انتظارات فضائی نیز کم می‌شود آری دیگر کسی نمی‌تواند توان خود را در جهت استثمار دیگران بکار گیرد ما دیگر نمی‌توانیم در هر کاری که دلمان خواست دخالت بکنیم.

این صحبت برایم جالب بود بنابر این نتوانستم جلوی خودم را بگیرم و بدون مقدمه سئوال کردم منظورتان از استثمار چیست مگر شما تحصیل کرده نیستید چگونه استثمار می‌کردید ؟

او گفت ببخشید شما کی هستید ؟

گفتم: من از این تحولات متحیر شده‌ام و دارم موج گسترش آن را بررسی میکنم اگر ممکن است در مورد سئوالم به من جواب بدهید ؟

او آهی کشید وگفت: خوب تا قبل از امروز کسانی که در کار ساخت و ساز بودند با دروغ و کلک هم سود کسب می‌کردند و هم موج تورم را در جامعه شدت می‌بخشیدند در واقع قسمت اعظم تورم ناشی از همین عملکردها بوده است.

با نگاهم او را تشویق به ادامه می‌کردم .

او ادامه داد: کسانی که در کار ساخت و ساز بودند گاه تا دهها برابر هزینه ساخت هر متر مربع سود می‌بردند و این کار را با کمک خود مردم انجام می‌دادند..!

برایم جای تعجب بود گفتم با کمک مردم!؟

آخر چگونه ممکن است ؟

او گفت: بله با کمک مردم، مردم در گسترش دروغها کمک زیادی به ما کردند چون خود آنها نیز از آن دروغها نفع می‌بردند در واقع اوضاع به گونه‌ای بود که اگر حتی کسی می‌خواست راست بگوید فقط خودش نابود می‌شد برای اینکه موضوع روشن‌تر شود مثال واقعی را می‌گویم تا بهتر تفهیم شود.

روزی در یک مهمانی حضور داشتیم که به مناسبت اتمام مراحل ساخت یک ساختمان متعلق به فامیلهای یکی از دوستانم بر پا شده بود در روز مهمانی از صاحب خانه سئوال کردند که ساخت این خانه چقدر برایشان هزینه برداشته است؟ او قیمتی چند برابر آنچه هزینه کرده بود گفت. چون من خود نیز مشغول ساخت خانه بودم می‌دانستم در آن موقع اگر ساختمانی را کامل کنند یعنی هیچ خرجی نماند هزینه‌ای یک دهم آنچه او گفته بود حتی با بهترین مصالح لازم بود. اما او دروغ گفت چون ذاتاً انسان دروغگوئی بود در همان مجلس جوانی

بود که خانه نداشت او وقتی این سخنان را شنید گفت اگر اینگونه باشد که شما می‌گوئید من هیچ وقت نمی‌توانم صاحب خانه شوم بهتر است خودم اقدام به ساخت نکنم بلکه اگر توانستم خانه‌ای بخرم چون با این وضع خرید زمین و ساخت آن هزینه‌ی زیادی دارد یک ماه بعد آن جوان خانه‌ای خرید که وقتی به من گفت قیمتی چند برابر هزینه‌ی ساخت پرداخت کرده است فهمیدم که دروغ آن دروغگو، سبب شد یک دروغگوی دیگر به سودی برسد که لیاقتش را نداشته است. اما دیگر چنین امکانی نیست به طبع وقتی چنین امکانی نباشد از سودهای کلان هم خبری نخواهد بود ما باید دیگر برای چنین سودهائی صابون به شکم نزنیم حالا دیگر خواندن این رشته با این همه مشکلات تحصیلی چه فایده‌ای دارد.

دوستم نگاهی به من کرد و گفت برویم و سپس گفت دیدی این مهندس چگونه متأثر شده است این مهندس به نفع فکر می‌کرد بنابر این تا قبل از امروز چنین مهندسانی خانه‌هائی را می‌ساختند که مردم در آن امنیت جانی نداشتند زیرا آنها فقط به منفعت خویش می‌اندیشیدند و چنین افکاری انسان را به سوی خیانت سوق می‌داد و روز به روز در آن غرق می‌شدند بنا بر این آپارتمان‌های سست بنیه و فاقد هر نوع امنیتی را به جای آپارتمان‌های امن به مردم می‌دادند و چندین برابر هم سود می‌کردند حالا باید این مهندسین دانشگاه را ترک کنند زیرا آن ا نگیزه‌ای که آنان را در این مسیر نگاه می‌دارد در این‌ها وجود ندارد.

چند قدم آن طرف‌تر اتفاقاً گروهی از مهندسین به دیگر بودند آنها می‌گفتند: با رفتن افراد سودجو و توقف خلاف راه برای نوآوری باز شده است حالا دیگر می‌توان اصول صحیح را پیاده کرد زیرا این ا صول ارزش گرفته‌اند بنابر این استعداد حرف اول را می‌زند و از خوشحالی در پوست خود نمی گنجیدند.

او نگاهی به من کرد و گفت: می‌بینی تأثیر چگونه است این‌ها گروه کمی هستند بنابر این دیگر افراد دروغگو جائی در این مکان اشغال نمی‌کنند آنها اگر تحمل این درسهای سخت را می‌کردند تنها به این دلیل بود که روزی بتوانند از راهی محترمانه سر مردم کلاه بگذارند و وجهه و شخصیت خود را هم داشته باشند اما دیگر چنین نیست بلکه این‌بار با توقف خلاف بسیاری از کسانی که در عمق وجودشان خلاف انگیزه حرکتشان بود خود به خود دست از راهشان می‌کشند و کسانی راه را ادامه می‌دهند که انگیزه‌شان فقط خدمت است و بس و می‌خواهند از راه خدمت درست و صادقانه کسب ثروت کنند زیرا این راه، راه بسی دشوار و سخت است و هر کسی نمی‌تواند به هر قیمتی هر سختی را تحمل کند.

کمی آن طرف‌تر به جمع دانشجویان پزشکی رسیدم این برایم جالب بود زیرا باید به شریفترین قشر جامعه قشری که سلامت جامعه در دست آنان است با دقت بیشتری گوش می‌دادم بنابراین به دوست جدیدم گفتم لطفاً در اینجا کمی بیشتر تأمل کنید او نیز با اشاره سر به من فهماند که قبول دارد یکی از دانشجویان می‌گفت نمی‌دانیم عاقبتمان چه می‌شود اصلاً سر در نمی‌آوریم دیگری می‌گفت در کار ما که خلاف نیست چرا باید نگران باشیم ما فقط خدمت می‌کنیم خدمت هم که خلاف نیست دوستش جواب داد بله ولی به این فکر کرده‌ای که مسئولیت بسیار سنگینی بر عهده ماست هیچ می‌دانی این شغل چقدر اضطراب دارد هیچ می‌دانی ما با جان مردم سروکار داریم ا گر خطائی از ما سر بزند باید تاوان سنگینی را بپردازیم با ید حوصله‌ی زیادی داشته باشیم تا به دردهای مردم گوش دهیم و درمانشان کنیم. تعجب کردم و پرسیدم ببخشید تمام این چیزهائی که شما گفتید از امروز پیش آمده و قبلاً وجود نداشته است؟ گفت: منظورت چیست؟ گفتم می‌خواهم منظور شما را از این سخنان بدانم گفت: راستش را

بخواهید قبول این همه مسئولیت کمی‌سخت است با تغییر کردن اوضاع ما هم می‌توانیم زندگی راحت‌تری داشته باشیم و مسئولیت کمتری هم خواهیم داشت شما نمی‌دانید اضطراب یعنی چه؟ و با هر بار استرس چه مقدار از عمر انسان کم می‌شود؟ این همه مسئولیت دیگر ارزش ندارد بی اختیار پرسیدم: چرا تا قبل از امروز چنین نمی‌گفتید؟ گفت: تا قبل از امروز هیچ چیز بر اساس ملاک و معیار درستی انتخاب نمی‌شد شما انتظار دارید در مورد ما هم غیر از این بوده باشد. ما از کودکی اینگونه پرورش یافته‌ایم از همان دوران وقتی می‌خواستند ما را بزرگ جلوه دهند به ما یاد می‌دادند که بگوییم وقتی که بزرگ شدیم پزشک و دکتر می‌شویم آن تلقین کودکانه محرکی برای انتخاب این راه بوده است آنوقت‌ها ما را پرورش دادند تا عزت و منفعت را با هم به دست آوریم و نقطه رسیدن به این دو را پزشکی می‌دانستند. آن وقت‌ها اوضاع اینگونه نبود بنابر این رسیدن به این نقطه را می‌توانستیم با تلاش و زحمت بدست آوریم ولی از امروز تنها رسیدن به این نقطه نیست که اهمیت داشته باشد بلکه با ید تا ابد این نقطه را حفظ کنیم که کار مشکلی است و از حوصله ما خارج است از طرفی وقتی خلاف نباشد بیمار نیز کم می‌شود. بسیاری از بیماری‌ها نتیجه تخلف‌ها بوده است وقتی داروخانه‌ها بدون نسخه به بیمار دارو می‌دهند در واقع عوارض دارو را به آنها تحمیل می‌کردند ولی حالا نمی‌توانند. وقتی پزشکان بدون تشخیص صحیح دارو می‌نوشتند در واقع بیمار را بیمارتر می‌کردند. این بیمارانی که بیمارتر می‌شدند مطب‌ها را از بیمار پر می‌کردند چون بیمار برای معالجه خود مجبور بود از یک مطب به مطب دیگر برود و در یک سیکل پرورش بیمار شرکت کند. حالا که چنین اتفاقی نمی‌افتد در حقیقت بیمار کم می‌شود و درآمد ما نیز از بین می‌رود پس ارزشش را ندارد که اینهمه اضطراب و استرس را تحمل کنیم تازه دیگر در جهان کسی فقیر نیست پس ما هم ترسی نداریم

برای بدست آوردن امکانات بیشتر هم کار مفید دیگر زیاد است و انجام می‌دهیم .

اگر راستش را بخواهی حساب پس دادن کمی سخت است من از این ببعد کاری را می‌کنم که استعدادش را دارم و در آ ن موفق‌تر هستم و از این راه نفع بسیار بیشتری هم می‌برم و خدمت بیشتری هم به جامعه می‌کنم کار طبابت را هم کسانی می‌کنند که هم استعدادش را دارند و هم به عشق خدمت به این راه وارد شده‌اند آنان واقعاً شریف‌ترین قشر هستند.

به چشمانش نگاه کردم و گفتم: به نظر شما از این ببعد جهان با کمبود افراد متخصص تهدید نمی‌شود؟

گفت : منظورت چیست؟

گفتم : آنچه که من در این چند لحظه شنیده‌ام بیشتر حاکی از این است که افرادی که تا قبل از امروز بسیاری از مسئولیت‌ها را قبول می‌کردند دیگر مایل به قبول این مسئولیت‌ها نیستند ما در آینده با کمبود پزشک یا مهندس یا ....رو برو نمی‌شویم؟

نگاهی به من کرد و لبخند آرامی زد و گفت: فکر می‌کردید ما تا حالا کمبود پزشک و مهندس و..... را نداشته‌ایم؟

گفتم : چرا اما از این به بعد با این حساب فکر می‌کنم شدیدتر شود مگر نه ؟

گفت : اتفاقاً، نه !

گفتم : چرا؟

گفت تا امروز ما پزشک و مهندس و سایر فارغ التحصیلان دیگر را داشتیم این پزشکان و مهندسان دو گروه بودند یک گروه که واقعاً پزشک و مهندس بودند و یک عده در ظاهر پزشک و فارغ التحصیل بودند اما در اصل کار خراب کن بودند یعنی آنان زحمات مهندسان و پزشکان دیگر را بر باد می‌دادند حالا با

حذف برباد کن‌ها کمبود کمتر می‌شود مگر نه ؟! حالا دیگر پزشکی نخواهد بود که با اضافه کردن عوارض به مردم تعداد بیماران را افزایش دهد .

وقتی دلایل منطقی او را شنیدم کمی آرام گرفتم از او تشکر کردم و همراه دوست جدیدم از آنجا دور شدیم کمی آن طرف‌تر تعداد دیگری از دانشجویان پزشکی را دیدم که به همان دلایل گفته شده از موقعیت پیش‌آمده خوشحال بودند و خود را برای خدمات صحیح‌تر که قدرشان را بهتر می‌شناختند و با همین نیروی قدرشناسی بیشتر به خدمت مردم می‌پرداختند آماده می کردند به جمع آنان نزدیک شدیم و به سخنانشان دقت کردم.

آنان می گفتند: حالا می‌توانیم هزار برابر سابق مفید باشیم حالا دیگر می‌توان امیدوار باشیم که سلامتی را در جامعه به معنی واقعی‌اش برقرار کنیم تا دیروز فرق کار خوب و کار بد وجود نداشت آن پزشکی که سر مردم کلاه می گذاشت موفق‌تر بود تا آن پزشکی که قصد این کار را نداشت مردم بیشتر دوست داشتند فریب بخورند تا سخن راست را بشنوند اما دیگر مردم قادر به انجام این کار نیستند زیرا این عمل خلاف بود که انجام می‌دادند از محل همین خلاف مردم، پزشکان نالایق بالا می‌آمدند و پزشکان لایق نابود می‌شدند و همین سیکل معیوب جامعه را به انحراف و نا بودی و آلودگی می کشاند اما حالا دیگر چنین نخواهد بود.

او راست می گفت ما دیگر کمبود نخواهیم داشت به معنی واقعی یعنی کیفیت چنان بالا می‌رود که کاهش کمیت را جبران می کند و یا بقول شاعر:

سپاهی لشکر نیاید بکار   یکی مرد جنگی به از هزار

حالا دیگر والدین سعی می کنند بر اساس استعداد فرزندشان، او را تربیت کنند زیرا فقط در این صورت است که می‌توان او را به اعتبار واقعی‌اش برسانند نه بر اساس چشم و هم چشمی !

از آنان خداحافظی کردیم و همراه دوست جدیدم به راهما ن ادامه دادیم
او گفت : حالا دیدی این تحول چگونه در دانشگاه اثر گذاشته است می‌خواهی ادامه دهیم تا ببینیم این تحول چگونه در دانشجویان جامعه شناسی ، فلسفه و ریاضی یا غیره تأثیر گذاشته است ؟
گفتم : نه معلوم است دیگر همه چیز برایم روشن شد فکر می‌کنم نیازی نباشد حالا فهمیدم چرا چشمانت را به زمین دوخته بودی .
گفت :آری و باید جشن بزرگی در سراسر جهان گرفت.
با لبخندی ملایم نظرش را تأیید کردم سپس از او خداحافظی کردم او نیز خداحافظی مخصوصی با من کرد و با لبخندی سرشار از مهربانی مرا بدرقه کرد من به راهم ادامه دادم تا سیر این تحول را بیشتر مشاهده کنم تا دنیای جدید را بیشتر لمس کنم.
همانطور که می‌رفتم به یک دبیرستان رسیدم .
برایم جالب بود بعد از دانشگاه این جائی بود که باید به آن می‌رسیدم .
چقدر خوب انگار نیروئی به من می‌گفت: باید اینجا را نیز ببینی و تحولاتش را بدانی .
بی اختیار وارد دبیرستان شدم انگار باید وارد می‌شدم .
دانش آموزان در حیاط مدرسه ایستاده بودند و درختان با نیروی باد انگار رقص شادی می‌کردند .
دبیرستان زیبائی بود ساختمانی قدیمی اما با نمائی زیبا می‌توانستم حدس بزنم که این دبیرستان با این چهره تاکنون میزبان هزاران دانش آموز بوده است و هزاران و شاید صدها هزار دانش‌آموخته را به جامعه تحویل داده است این دبیرستان شاید تا کنون از دانش‌آموخته‌هایش راضی نبوده است. این را از تحولات دانشگاه حدس زدم. شاید این ساختمان دوست داشته تا بر اساس

استعدادهای افراد، جامعه را شکل دهد اما افراد بر اساس تأثیرات جامعه از این جا خارج شده‌اند شاید این ساختمان نیز امروز خوشحال‌تر شده است به همین جهت اینگونه زیبا به نظر می‌رسد شاید این زیبائی لبخند رضایتش باشد.

به میان دانش‌آموزان رفتم آنان می گفتند: چه خوب شد جهان چنین متحول شد حال دیگر آسوده شدیم ما که برای خودمان زندگی نمی‌کردیم باید انتظارات جامعه و وا لدین را بر آورده می‌کردیم دنیا برایمان زندان شده بود ما را به اسارت گرفته بودند ما اسیر بودیم و خود نمی‌دانستیم حالا دیگر آینده آن‌طور نیست که بقیه توصیف می‌کردند آینده درخشان است آینده زیباست و کسی نمی‌تواند آنرا تیره وتاریک کند. سرور و شادی بچه‌های دبیرستانی بیش از تمام مردم بود برایم جالب بود چرا اینان اینگونه شاد هستند؟ مثل اینکه همه چیز به نفع آنها تمام شده است !! جلوتر رفتم و از یکی از آنها پرسیدم :

ببخشید من می‌دانم کـه چه اتفاقـی افتـاده است فقـط شما را خـوشحال‌تر همه می‌بینم می توانم علت را بپرسم ؟

او گفت : ببین آقا من یک دانش‌آموز هستم مرتب باید بیدار می‌بودم و صبح زودتر از موعد از خواب بیدار می‌شدم شب‌ها باید درسهائی که علاقه‌ای به آن نـداشتـم می‌خـواندم آ نـها را حفظ می‌کردم و امتـحا ن می‌دادم و نـمره می‌گرفتم بعد از امتحان نیز باید همه را فراموش می‌کردم چون مغزم اینگونه دستور می‌داد چون آنها را به زور در مغزم جای داده بودم اصلاً جای این مطالب در مغز من وجود نداشت من به قیمت نابود کردن استعداهای ذاتی‌ام آنها را در مغزم جای می‌دادم بنابراین بطور اتوماتیک آ نرا فراموش می‌کردم من اسیر بودم اسیر خواسته‌های مادرم ـ پدر م ـ اقوام ـ مردم ـ جامعه اسیر تصورات نادرست جامعه. من به فیزیک علاقه ندارم به ریاضیات علاقه ندارم ولی باید سخت‌ترین مسائل ریاضی و فیزیک را یاد بگیرم و حل کنم البته من شاگرد اول کلاس

ریاضی و فیزیک هستم ولی حالا که جهان عو ض شده اعتراف می‌کنم که هیچ علا قه‌ای به آن ندارم .

گفتم: پس چرا قبلاً نمی‌گفتی؟ چرا قبلاً به رشته مورد علاقه‌ات نمی‌رفتی ؟

گفت: ای بابا پس من به شما چی گفتم من به تا ریخ علاقه دارم دوست دارم بنشینم در این مورد مطالعه و تحقیق کنم ولی پدر و مادرم به من گفتند نشستن و تاریخ خواندن که نان و آب نمی‌شود فوقش فردا یک معلم تاریخ می‌شوی باید برای کرایه خانه‌ات نیازمند دیگران باشی . اما حالا دیگر می‌گویند اینطور نیست هر کسی بتواند استعداد واقعی خود را بهتر پرورش دهد و بتواند مناسب‌تر به جامعه فایده برساند اعتبار بیشتری خواهد داشت. بنابراین ما دیگر اسیر نیستیم حالا دیگر والدین نمی‌توانند غیر از این انتظار داشته باشند زیرا سبب از بین رفتن اعتبار فرزندانشان می‌شود راستی چه دماغی از بعضی‌ها سوخته است !

حالا دیگر کمبودهای خودشان را در کودکانشان جبران نمی‌کنند یعنی آنها آنچه آرزو داشتند، می‌خواستند با اسیر کردن ما به آن برسند! حالا من یک محقق تاریخ می‌شوم و چون به آن علاقه دارم موفق‌تر می‌شوم در نتیجه اعتبار بیشتری خواهم داشت و جامعه نیز همه چیز را متناسب خواهد داشت.

گفتم : این حرفها را چه کسی به تو یاد داد؟

گفت: همین تحولات همه چیز را از امروز برای ما به ارمغان آورده است.

گفتم : بقیه چه می‌گویند ؟

گفت: همه حرف‌شان همین است.

با خود گفتم: پس برای همین است که ساختمان مدرسه چهره‌ای شاداب‌تر دارد .

برایم جالب بود بدانم معلمان چگونه می‌اندیشند و چگونه متأثر شده‌اند .

آنها در گوشه‌ای از حیاط مدرسه ایستاده بودند و با هم صحبت می‌کردند هیاهوی دانش آموزان آهنگ شادی را می‌نواخت به آنها نزدیک شدم سلام دادم

آنها سلام غریبی به من دادند و بعد منتظر شدند که علت حضور مرا بدانند گفتم : ببخشید من به دنبال تأثیر این تحولات در جامعه هستم می‌خواهم بدانم چه تأثیری در شما داشته است و شما چگونه متأثر شده‌اید ؟

آنان که تازه متوجه علت حضور من شده بودند گفتند: بله ما همه متأثر شده‌ایم ولی راستش را بخواهید نتوانسته‌ایم میزان این تأثیر را بدانیم هنوز کمی گیج هستیم ما هنوز نمی‌دانیم چه پیش می‌آید شما که از صبح تا حالا به قول خودتان در میان مردم گشته‌اید و میزان تأثیر این تحول را بررسی کرده‌اید آیا می‌توانید به ما کمک کنید تا ما تکلیف‌مان را بدانیم ؟

مکث کوتاهی کردم و کمی غافلگیر شدم از صبح امروز من از مردم سئوال می‌کردم حالا آقایان احوالشان را می‌خواهند از من بپر سند. کمی من و من کردم و گفتم: راستش سعی می‌کنم کمک‌تان کنم اما شما هم باید با من همکاری کنید

گفتند : خوشحال می‌شویم بفرمایید

یکی از آنها گفت بهتر است برویم و در اتاق مدیر بنشینیم و صحبت کنیم . چون از اول صبح در خیابانها گشت می‌زدم و حسابی خسته شده بودم از این پیشنهاد خیلی خوشحال شدم و لبخند رضایتی به آنها دادم .

همه با هم به اتاق مدیر رفتیم و بر روی مبل‌های راحت لم دادیم مثل اینکه تازه متوجه می‌شدم که چقدر خسته‌ام. آنها بساط پذیرائی را هم فراهم کردند. برایم چائی آوردند.

خوردن چائی در وقت خستگی بهترین مسکن اعصاب است کمی آرام گرفتم و احساس کردم برای صحبت کردن آماده هستم.
یک پایم را روی پای دیگرم انداختم و گفتم : آقایان قبل از شروع بحث باید بگویم که شما باید به سئوالاتی که از شما می‌پرسم پاسخ درست و مناسب بدهید تا بدانم هر یک از شما چه اندازه از این جریانات متأثر خواهید شد .
آنها که لم نداده بودند با اشتیاق حرفم را قبول کردند .
اولین سئوال این است : انگیزه شما از معلم شدن یا به اصطلاح ساده‌تر از انتخاب این شغل چه بوده است؟ می‌خواهم یک یک پاسخ بدهید ؟
یکی از آنها گفت : چه فرقی می‌کند ما هر انگیزه داشته باشیم حالا دیگر معلم هستیم تحولات مربوط به آینده است به گذشته چه کار دارد؟
گفتم : بله مربوط به آینده است اما از این ببعد خلاف متوقف شده است یعنی هر خلافی چه ریشه در گذشته چه حال و چه آینده داشته باشد متوقف است بنابراین حتماً فرق دارد.
یکی از آنها که لهجه زبان محلی خود را نیز داشت گفت: انگیزه منگیزه سرم نمی‌شود چه فرقی می‌کند من یک معلمم من جامعه را می‌سازم من اگر نباشم دکتر هست؟ مهندس هست؟ هیچ چیز نیست که؟ اگر من نباشم جامعه نیست فهمیدی؟
گفتم: بله معلمی بسیار قابل احترام است اما دیگر همه چیز فرق کرده است.
گفت: منظورت چیست ؟
گفتم : اوضاع طوری متحول شده است که هر کسی نمی‌تواند هر عملی را انجام دهد اگر اجازه بدهید کم کم متوجه می‌شوید.
همه با هم گفتند : خوب بفرمائید
ببینید اگر یکی یکی به سئوالات من جواب دهید شاید بهتر به نتیجه برسیم.

آ نها با تکان دادن سر حرفم را قبول کردند.
از یکی از آنها پرسیدم انگیزه شما از انتخاب این شغل چه بوده است ؟
او گفت: وقتی دیپلمم را گرفتم در کنکور شرکت کردم با نمره‌ای که داشتم فقط می‌توانستم معلم شوم و نمی‌توانستم شغل دیگری انتخاب کنم منهم این شغل را انتخاب کردم و حالا از شغلم راضی هستم و خوشحالم که این شغل را انتخاب کرده‌ام او شروع کرد به تعریف شغل معلمی اما من گفتم : اجازه بدهید ما نمی‌خواهیم شغل‌ها را مقایسه کنیم هدف چیز دیگری است.
حالا بگوئید اگر شما نمره بهتری کسب می‌کردید آیا همین شغل را انتخاب می‌کردید؟
او گفت : البته که نه من آ نوقت پزشکی را انتخاب می‌کردم
گفتم: چرا ؟
او گفت : برای اینکه موقعیت بهتری به من می‌داد
گفتم : بسیار خوب حالا یک سئوال دیگر: تا حالا شما به چند دانش‌آموز تنبل کمک کرده‌اید تا استعدادشان شکوفا شود؟ و نتیجه بگیرید؟
او گفت : سئوال عجیبی می‌کنید خوب دانش‌آموز تنبل اگر استعداد داشت که تنبل نبود.
با گفتن این حرف همه خندیدند و من هم تبسمی‌کردم و ادامه دادم:، نه اینطور نیست هر انسانی استعداد خاص خود را دارد منظورم اینست میزان عملکرد و نحوه عملکرد شما در کلا س درس‌تان چگونه بوده است ؟
او گفت : خوب تقریباً عملکرد هر کلاسی شبیه هم است و سالهاست که این روند ادامه دارد یک عده دانش‌آموز درس می‌خوانند و موفق می‌شوند و یک عده نمی‌خو انند و موفق نمی‌شوند این که دیگر جای سئوال ندارد ما هم به وظیفه خودمان عمل می‌کنیم حال دانش‌آموز یا قبول می‌کند یا نمی‌کند.

گفتم : پس تا حالا کار چندان مفیدی انجام نمی‌دادی .؟

گفت : منظورت چیست ؟

گفتم : آن دانش‌آموزی که خودش درس بخواند که دیگر منتی ندارد مهم آن دانش‌آموزی بود که درس نمی‌خواند و شما وظیفه داشتید هدایتش کنید تا استعداد خود را بیابد که به اعتراف خودتان این کار را نکرده‌اید پس آن قسمت اصلی وظیفه خو د را انجام نداده‌اید ولی حقوقتان را گرفته‌اید.

سرش را پا ئین انداخت و چیز زیاد دیگری نداشت که بگوید.

گفتم : آیا بقیه هم مایل هستند این سئوالات را جواب بدهند.

گفتند : پاسخ ما نیز همین بود که ایشان گفتند .

به دیگری رو کردم و گفتم : شما چطور چرا این شغل را انتخاب کرده‌اید ؟

او گفت : والا من وقتی دبیرستان بودم کلاس اول دبیرستان تمام مواد تجدید شدم از شانس من یک دفعه گفتند که می‌توانم به دانش‌سرا بروم و ثبت نام کنم فقط خدا می‌داند دانش‌سرا را با چه مکافاتی تمام کردم شما نمی‌دانید چقدر زحمت کشیدم بعدش هم ضمن خدمت ادامه دادم و لیسا نس گرفتم حالا هم در دبیرستان هستم .

گفتم : شما عملکردتان چگونه بوده است ؟

گفت : من هم مثل همکارم فکر می‌کردم و عمل می‌کردم .

گفتم : پس تکلیف شما هم رو شن است شما هم به وظیفه‌تان عمل نکرده‌اید و با توجه به مسائلی که گفتید حضورتان بعنوان یک معلم هم چندان قابل قبول نیست.

حالا می‌توانم مسائل را بهتر برایتان توضیح بدهم. از این ببعد هر کسی به اندازه توانائی واقعی‌اش کسب اعتبار می‌کند شما اگر نتوانید آن تأثیر مورد انتظار را در جامعه به جای آورید معتبر نخواهید بود بنابراین باید به شغلی روی بیاورید که

بتوانید انتظارات را برآورده کنید تا قبل از امروز کمتر کسی در جای واقعی خودش قرار داشته است اما امروز دیگر مردم نمی‌توانند چنین بکنند بنابراین اگر کسی باشد که بتواند چنین باشد در جای خود می‌ماند و گرنه به جای اصلی و واقعی خود هدایت می‌شود این یعنی حرکت اصلاحی در جهان.

یکی از آنها گفت : پس تکلیف حقوق و مزایای ما چه می‌شود ؟

من گفتم : بله این مسئله یکی از مسائل اساسی بود که قسمت اعظم ذهن معلمان را همیشه در طول تاریخ به خود مشغول کرده بود و بسیاری از معلمان خوب را هم از انجام وظایفشان باز می‌داشت حالا دیگر چنین مشکلاتی باقی نمانده است .

گفتند:آخر چگونه ؟

گفتم: مگر شما به اندازه کا فی در جریان این مسائل نیستید؟ شما قبلاً با مشکلاتی همچون تورم، کرایه خانه ،گرانی .... روبرو بودید بنابراین حقوق شما در مقابل این تخلفات دچار شکست و نقصان می‌شد یعنی نمی‌توانستید با این سپر حقوقی در مقابل تهاجم تورم مقاومت کنید ولی حالا دیگر تهاجمی به نام تورم به صورت گذشته وجود ندارد بنابراین درست مانند این است که شما به شدت تقویت شده باشید یعنی هر چیزی در جای خود ارزش واقعی خود را دارد و ارزش‌های کاذب از بین رفته‌اند شما برای کرایه خانه نرخ واقعی را پرداخت می‌کنید و صاحب آن خانه نیز آن را به مصارف واقعی می‌رساند بهمین جهت دیگر مشکلاتی نخواهید داشت در ضمن هر معلمی که درست عمل کند ارزش واقعی خود را دریافت می‌کند .

وقتی به قیافه‌های آنها نگریستم نتوانستم علت این تغییر چهره‌ها را بدانم آنها نگران نبودند اما سردرگم بودند گویا می‌دانستند که وقت آن رسیده واقعیت‌ها را قبول کنند یعنی دیگر نمی‌توانستند قبول نکنند !!!

گفتم: خوب اگر اجازه بدهید من مرخص می‌شوم از پذیرائی‌تان متشکرم. یکی از آنها گفت: ما هم ممنون هستیم که اطلاعات درستی به ما دادید حالا دیگر لااقل می‌دانیم که اجتماعات اعتراض آمیز هم لازم نیست و همه به حقوق و ارزش خود می‌رسند.

از همه آنها خداحافظی کردم و از دبیرستان خارج شدم صدای خوشحالی بچه‌ها تا چند متر بیرون دبیرستان مرا بدرقه کرد.

بسیار خسته بودم کم‌کم احساس گرسنگی می‌کردم آنهمه تحول و تغییر موجب حیرت و تعجب آنچنان زیادی در من شده بود که قانع شده بودم خستگی ذهنم باید ناشی از همین مسئله باشد. من تنها زندگی می‌کنم بیشتر اوقاتم را به مطالعه می‌پردازم سالهاست به این زندگی عادت کرده‌ام و چون در زندگی مشکلی ندارم دوست نداشته‌ام روند زندگی‌ام را تغییر دهم. بنابراین با این همه خستگی نیاز به استراحتی داشتم که آرام بگیرم و بتوانم با اعصابی آرام وقایع را دنبال کنم.

به خانه باز گشتم مثل همیشه خانه‌ام به هم ریخته بود هر روز صبح که از خانه بیرون می‌روم می‌گویم عصر یا شب مرتب می‌کنم اما اغلب اوقات وقتی به خانه بر می‌گردم یا مشغول برنامه تلویزیون می‌شوم یا به مطالعه می‌پردازم و اکثر اوقات مرتب کردن خانه به تأخیر می‌افتد امروز نیز از همان روزهاست.

من با آنهمه خستگی جای بهتری از تخت خواب را سراغ نداشتم تا خستگی‌ام را به او بسپارم.

روی تخت دراز کشیدم و احساس خستگی شدید را آنوقت دریافتم در حالیکه قصد خواب داشتم اما آنهمه تحول اجازه این کار را نمی‌داد. هر طور بود کمی استراحت کردم و یک ساعت بعد خواستم با دوش آب گرم آن را تکمیل کنم کمی آرام گرفته بودم.

بعد از این استراحت نیاز به غذا داشتم بنابراین مشغول آشپزی شدم مثل همیشه تلویزیون را روشن کردم و در شبکه‌های ماهواره‌ای دنبال شبکه مورد نظر گشتم اما موفق نشدم روی یکی از شبکه‌ها مکث کردم و صدای تلویزیون را زیاد کردم و خود مشغول آشپزی شدم .

تلویزیون موزیک آرامی‌پخش می کرد غذا کم‌کم داشت آماده می‌شد میز را چیدم و مشغول صرف غذا شدم با خوردن اولین لقمه ناگهان پخش موزیک قطع شد و صدای گوینده اخبار به گوشم رسید.

از آشپزخانه به هال آمدم گوینده اخبار خلاصه اخبار را اعلام کرد و پس از آن گفت : تا چند لحظه دیگر مشروح اخبار به سمع شما می‌رسد .

با عجله غذایم را تمام کردم و با یک لیوان چای به هال آمدم و روی مبل راحتی خود نشستم و منتظر پخش اخبار شدم.

لحظاتی بعد پخش اخبار با موزیک مخصوص خود شروع شد.

گوینده اخبار شروع به بازگو کردن وقایعی کرد که من خود آنها را می‌دانستم ابتدا اخبار چندان برایم تازگی نداشت اما چند لحظه بعد مسائل دیگری مطرح شد که من تازه کم‌کم متوجه آنها می‌شدم .

بله تازه متوجه شدم توقف خلاف واقعاً چه تأثیر عظیمی‌داشته است !!

گوینده اخبار با حالت تحیر از توقف بحرانهای جهانی صحبت می کرد من مات و مبهوت فقط به تلویزیون نگاه می کردم و به سخنان گوینده گوش می‌دادم.

او میگفت: از صبح امروز تمامی بحرانها و جنگهای جهان متوقف شده است شورشیان در سراسر جهان به ناچار دست از طغیان بر داشته‌اند و دیگر نه قادر به طغیان و نه مایل به آن هستند. آبهای جهانی امنیت لازم را بدست آورده‌اند. جنگ در عراق متوقف گشته و شورشیان دیگر نمی‌توانند عملیات تروریستی انجام دهند. برای بیشتر کشورهای جهان بروز این پدیده کاملاً عجیب و

ناشناخته بو ده است. حل ناگهانی این بحرانها تمامی سیاستمداران جهان را متحیر و متعجب کرده است. برای بسیاری از آنان حل این بحرانها با چنین سرعت و بطور ناگهانی غیر قابل تصور بود. سربازان آمریکائی و نیروهای مشترک به خانه‌های خود بازگشته و جشن شادمانی گرفته‌اند خانواده های آنان نمی‌توانند چنین تحولی را باور کنند.

گوینده اخبار ادامه داد: دیگر شاهد قطع دست و پاها، کشته شدن زنان و کودکان بی‌گناه در عراق نخواهیم بود.

بحران کرکوك خود بخود در اثر این تحول ناگهانی حل شده است و دیگر مشکلی تحت عنوان تنش شیعه و سنی و کرد و ترك و عرب در آن مطرح نیست.

امنیت کشور عراق بدون صرف هزینه تأمین شده است و این معجزه است. تنها مشکلی که اکنون در آنجا مطرح است اینست که مردم برایشان باورکردنی نیست که در یك حرکت تمامی این مسائل حل شده باشد اما آنان ناچار هستند که باور کنند این واقعیتی است که روی داده است .

در ترکیه افراد شورشی پ ـ ك ـ ك به واقعیتهای جدیدی رسیده‌اند و ترکها و کردها دیگر با هم مشکل ندارند ما دیگر در ترکیه شاهد ظلم و ستم اقوام به یکدیگر نخواهیم بود.

افراد pkk سلاح های خود را رها کرده و به خانه‌های خود بازگشته‌اند.

در سوریه بحران اقوام حل شده است. در فلسطین این کانون چندین ساله بحران به ناگهان توقف بحران رخ داده است و دیگر هیچ مشکلی در آنجا وجود ندارد مشکل یهودیان و مسلمانان بکلی از بین رفته است. افراد مسلمان و یهودی در حال شادی با یکدیگر هستند آنان در حالی که ناراحت هستند به ناچار به

حرکت‌های سبک سرانه سال‌ها‌ی پیش می‌خندند و خود را سرزنش می‌کنند هیچکس دیگری را سرزنش نمی‌کند بلکه سرزنش‌ها متوجه خود شده است. اعراب و صهیونیست‌ها این بار دیگر با گلوله با هم صحبت نمی‌کنند. زنان و کودکان دیگر کشته نمی‌شوند دیگر آنان از یکدیگر نفرت ندارند یعنی دیگر زمینه‌ای برای نفرت وجود ندارد. دیگر کسی نمی‌تواند تفرقه افکنی کند و به اهداف ضد انسانی برسد این عمل خلاف، متوقف شده است.

در لبنان دیگر کسی قادر به عملیات ضد انسانی نیست و نمی‌تواند امنیت دیگران را به خطر بیاندازد دیگر هر کسی با هر مذهب و مسلکی آزاد است کسی نمی‌تواند به انسان‌های دیگر به خاطر تفاوت در مذهب و اندیشه مذهبی ایراد بگیرد یا او را مورد آسیب و آزار قرار دهد تمام مذاهب به دور هم جمع شده و بخاطر گذشته، خود را سرزنش می‌کنند آنان متحیرند که چگونه تا امروز اینگونه بد اندیشیده‌اند. بسیاری از آنان توضیح می‌دهند که پیدایش چنین نحوه اندیشیدنی حاصل خلاف‌های جهانی بوده است و آنان ناگزیر از تأثیر پذیری این عوامل بوده‌اند و همین امر منجر به درگیری مذاهب شده است.

گوینده اخبار در حالیکه اخبار را با حالت خاص خود ادامه می‌داد گفت: با توجه به تغییرات پیش آمده ما ناچار شدیم از دانشمندان محققان زیادی دعوت کنیم تا در برنامه‌های ما شرکت کنند و تحولات پیش آمده را تفسیر کنند امروز با یکی از اساتید دانشگاه برنامه‌ای برای توضیح مسائل پیش آمده داریم تا لحظاتی دیگر شما را به دیدن این برنامه دعوت می‌کنیم. سپس پخش موزیک میان برنامه شروع شد.

چائی که آورده بودم سرد شده بود آنرا عوض کردم و دوباره نشستم پس از چند دقیقه برنامه دوباره شروع شد.

یک پرفسور و محقق دانشگاه در برنامه حضور داشت.

گوینده اخبار به او خوش‌آمد گفت و از وی در مورد تحولات پیش آمده سئوال کرد و خواهش کرد تا نظر خودشان را بیان کند.
پرفسور پس از عرض سلام به بینندگان و گوینده شبکه گفت : راستش را اگر بخواهید همه ما غافلگیر شده‌ایم به معنی واقعی کلمه تمامی مطالعات و تحقیقات گذشته ما مربوط به تا قبل از امروز بوده است و برای تفسیر این تحولات چندان کارائی ندارد اما با وجود این ما هم توضیحات زیادی داریم این را باید بدانیم که از این به بعد با مفاهیم جدیدی سر وکار خواهیم داشت یعنی این تحول در واقع از یک تغییر بنیادی و به اصطلاح عامیانه از یک انقلاب در مفاهیم و با یک جابجائی ساده شروع شده است درست مثل این است که ما تا قبل از این، با مصالح ساختمانی یک ساختمان زشت و بی فایده ساخته بودیم حالا با همان مصالح یک ساختمان زیبا و مفید را بنا کرده باشیم یعنی در واقع تحول در روش و شیوه اندیشه، ما دیگر بحرانی به نام جدائی طلبی نداریم این الان از مضحک ترین موضوع‌هاست بسیاری از مردم که قبلاً برای این منظور جدال می‌کردند حالا دریافته‌اند که چه عمل مسخره‌ای انجام داده‌اند آنها که با واقعیت جدید روبرو شده‌اند می‌دانند چه اشتباهات بی مورد و جبران ناپذیری کرده‌اند.
گوینده از دکتر سئوال می‌کند: آیا این تغییرات در گذشته نیز تأثیر می‌گذارد یعنی حرکتی در جهت مخالف زمان دارد؟
دکتر می‌گوید: البته نمی‌توان این سئوال را به سادگی جواب داد سئوال بسیار کلی است صد البته هر نیروئی که موجب تغییری شود آنهم با این وسعت به طبع در گذشته و تاریخ ملت‌ها نیز تأثیر می‌گذارد از این به بعد بسیاری از مسائل تاریخی کمتر مورد توجه قرار می‌گیرد و وقتی مسئله‌ای از توجه کمتری برخوردار گردد کم کم به دست فراموشی سپرده می‌شود و فقط می‌شود در آرشیوها آنها را یافت.

ما دیگر می‌دانیم که قتل و عام ملت‌های دیگر از ننگ آورترین اعمال بوده است تا قبل از امروز مردم با افتخار امپراتوریهای گذشته خود یاد می‌کردند ولی حالا وضع فرق کرده است این عمل فقط موجب شرمساری است مثلاً این که یک فرمانروا به کشوری حمله کرده و آثار باستانی و جواهرات آنها را غارت کرده بیشتر سبب ننگ آن ملت است تا افتخار. یا اینکه یک شاهنشاه امپراتوری خود را به قیمت کشتارهای زیادی گسترش داده، موجب شرمساری آن ملت است و هر چه امپراتوریهائی اینگونه وسیع‌تر باشند شرمساری بیشتر خواهد بود زیرا در فرهنگ جدید افتخار نیز دچار تغییر شده است! وقتی اسکندر از یونان تا هندوستان برای اهداف ضد انسانی حرکت می‌کند در حقیقت ملتی را در مقابل فرهنگ تصحیح شده و پیش آمده امروز بدون پاسخ کرده است. بنابر این پاسخ اصلی به این تاریخ فراموشی آن خواهد بود از تاریخ سلسله‌های ایران و یونان و............ تا تاریخ اخیر کشورهای غربی مانند آلمان. ملت‌های این کشورها تا مدت‌های زیادی در پاسخ به اعمال انجام داده خود دچار مشکل خواهند بود.

ملاحظه می‌کنید که این تغییرات در گذشته نیز تأثیر دارد.!

گوینده می‌پرسد : آقای دکتر یکی از مسائلی که بشر را تهدید می‌کند بحران انرژی است آیا ما با این تحول به امنیت انرژی می‌رسیم؟

دکتر پاسخ داد : بله البته این یکی از بزرگترین مسائلی است که در این تحول حل شده است بشر تا امروز سردرگم بود ملت‌های مختلف برای حل این بحران با هم در رقابت بودند و در میان خود ملت‌ها نیز عدم هماهنگی دولت و ملت در بسیاری از کشورها مصرف را از حالت تعادل و توازن خارج می‌کرد. رقابت دولت‌ها و ملت‌ها خود سبب اتلاف بسیار زیاد انرژی می‌شد و آنها از این موضوع کاملاً بی خبر بودند در واقع آنها به آنچه از دست می‌دادند نمی‌اندیشیدند فقط به آنچه به دست می‌آوردند فکر می‌کردند اگر آنها در آن

دوران حساب سرانگشتی کوچکی می‌کردند یقیناً متوجه این شکاف عمیق در عملکرد خود می‌شدند اما آنها هرگز تا قبل از پیروزی این تحول به این مسئله فکر نکردند مثلاً شما به مسابقه تسلیحاتی سلاحهای کشتار جمعی توجه کنید آیا اگر هزینه این مسائل صرف سرمایه گذاری انرژیهای پاک می‌شد نفع بیشتری کسب می‌کردند یا با آن سلاح‌ها.؟

آنها این سلاح‌ها را برای تأمین امنیت انرژی خود لازم داشتند در حالیکه این بسیار احمقانه بود زیرا اگر همه با هم مثل امروز هماهنگ می‌شدند مسئله حل بود اگر چه امروز به ناچار هماهنگ شده‌اند اما می‌توانستند با نیروی اندیشه به این مسئله نزدیک شوند.

ما می‌دانیم که انرژی از بین نمی‌رود همین اصل امروز به خوبی مورد استفاده قرار می‌گیرد و تخلف از اصل نگهداری از انرژی متوقف شده است و استفاده بهینه از آن بر قرار گشته است.

گوینده گفت: بسیار خوب آقای دکتر ما می‌دانیم که آب مایه حیات است تا قبل از امروز دسترسی به آب آشامیدنی یکی از موضوع‌های مورد بحث سازمان‌های جهانی بود بسیاری از مردم جهان از داشتن آب سالم و بهداشتی محروم بودند ولی چگونه شد که این مسئله به ناگهان حل شد؟

دکتر در جواب گفت: بله این مسئله حل شد در جواب سئوال قبل گفتم که قبلاً زمینه جهان بر رقابت استوار بود ولی در نظام و سیستم کنونی بر تعاون اجباری استوار است وقتی خلاف متوقف می‌شود یقیناً بسیاری از فاکتورهائی که در برنده شدن رقیبان در امر رقابت مؤثر بود حذف می‌شود در زمینه جدید هر کسی بتواند بیشترین فایده را برساند برنده است بنابراین حاصل،، حل مشکل خواهد بود به طوریکه نفع همه رعایت می‌شود، به تعبیر دیگر در گذشته حل مشکل در یک نقطه در بسیاری از موارد منجر به بروز مشکل در مناطق دیگر

می‌شد ولی در سیستم کنونی حل مشکل با ید به گونه‌ای باشد که بتواند مشکل سایر مناطق را نیز حل کند در غیر این صورت خلاف است و متوقف.

گوینده پر سید: آقای دکتر چیزی که بسیار جالب است اینست که در این تحول آنگونه که قبلاً تصور می‌کردند نشد یعنی در بسیاری از آثار نویسندگان از آرمانشهر یا مدینه فاضله سخن به میان می‌آمد ولی در تمام آنها به نوعی منتظر شروع تحول از انسان بودند یعنی انسان باید فضائل لازم را کسب می‌کرد و سپس این شهر را برپا می‌کرد اما در این مورد تحول از محیط شروع شد و انسان را تحت تأثیر قرار داد آیا می‌توانید تو ضیحی بدهید ؟

دکتر گفت : بله تاریخ شاهد بوجود آمدن متون زیادی در این مورد توسط دانشمندان بوده است مثلاً دانشمند اسلامی فارابی گفته که بهترین شهر یا مدینه شهری است که مردم آن به اموری مشغول و به فضائلی آراسته‌اند که در نهایت آن شهر را به سوی سعادت رهنمون می‌کند که به آن مدینه فاضله می‌گفته است ملاحظه می‌کنید که شرط رسیدن به این مدینه را آراستگی به فضائل می‌داند اما اکنون این شهر برپا شده است که مردم به آن فضائل برسند تفاوت بسیار است.

گوینده می‌پرسد : نظر شما در مورد کتاب موج سوم نوشته آلوین تافلر چیست می‌دانید که این نویسنده تحت این نام خواسته یک تحول را پیش بینی کند آیا می‌توان برای کتاب ایشان در تحول پیش آمده جایگاهی قائل بود؟

دکتر گفت : گمان نمی‌کنم کتاب آلوین تافلر بیشتر شبیه اعترافات یک موجودی است که از تحولات موج دوم و بروز عواقب آن وحشت زده باشد موج سوم او در واقع پیشامدهای سیستم قبلی است نه یک تحول ولی در سیستم فعلی سیستم قبلی به کلی منسوخ شده است به طور مثال در قسمت آرمان شهر عملی این نویسنده می‌گوید:

بنابراین آنچه در این جا می‌بینیم رئوس مطالبی است درباره شیوه زندگی کاملاً نوینی که نه تنها افراد بلکه سراسر جهان را نیز در برخواهد گرفت.

تمدن جدیدی را که خطوط کلی‌اش در اینجا ترسیم گردیده است بسختی می‌توان آرمان شهر نامید. آرامش این جامعه را مشکلات عمیقی بر هم خواهد زد که برخی از آ نها را در صفحات باقیمانده مورد بررسی قرار خواهیم داد. مشکلات مربوط به فرد، مشکلات مربوط به جامعه، مسائل سیاسی، مسائلی در رابطه با عدالت، مساوات و اخلاق، مشکلات حاصله از سیستم اقتصادی جدید و بویژه رابطه بین اشتغال و رفاه و تولید برای مصرف، همه اینها و بسیاری دیگر، منازعات شدیدی بر پا خو اهند داشت.

اما تمدن موج سوم را نیز نمی‌توان یک ضد آرمانشهر نامید. این تمدن رونوشت جامعه ترسیم شده در کتاب ۱۹۸۴ یا تحقق سناریوی کتاب دنیای قشنگ نو نخواهد بود این دو کتاب درخشان و صدها داستان تخیلی علمی دیگر آینده‌ای را تصویر می‌کنند که بر جوامع بسیار متمرکز بورو کراتیزه و استاندارد شده که در آنها تفاوت‌های فردی بکلی ریشه‌کن گردیده مبتنی است. در حالیکه ما اکنون در جهتی کاملاً عکس آ ن در حرکت هستیم.

هر چند که موج سوم با خود مخاطرات جدی گوناگونی از تهدیدهای محیط زیست تا خطر تروریسم هسته‌ای و فاشیسم الکترونیک برای بشر به همراه دارد ولی نمی‌توان آ نرا به سادگی امتداد خطی کابوس‌زای نظام صنعتی محسوب داشت.

در عوض آنچه در اینجا می‌بینیم نوعی آرمانشهر عملی است که نه بهترین و نه بدترین دنیای ممکن است بلکه دنیائی است هم تحقق پذیر و هم بهتر از دنیائی که پشت سر گذاشتیم.

بر خلاف آرمانشهرها در کمال به حالت سکون باقی نمی‌ماند چنین جامعه‌ای پس گران خواهد بود و سعی نخواهد کرد تا خود را بر اساس یک مدل خیالی آرمانی متعلق به گذشته بسازد. یک آرمانشهر عملی بهیچ وجه آن شر مجسم معکوس جامعه آرمانی را نیز در بر نخواهد داشت. و یک جامعه بیرحم دیکتاتوری نخواهد بود و ذاتاً جنگ طلب نیست. چنین جامعه‌ای شهروندانش را به موجوداتی بی هویت و همسان تبدیل نمی‌کند همسایگانش را به نابودی نمی‌کشاند و محیط زیست خود را آلوده نمی‌سازد.

بطور خلاصه آرمانشهر عملی می‌تواند به مثابه جایگزین بهتر و حتی انقلابی‌تری برای آرمانشهر باشد و در حین حال بر خلاف آرمانشهر در چهار چوب واقعیتها قابل تحقق است.

تمدن موج سوم به این معنی دقیقا همان است: یک آرمان شهر عملی آینده. می‌توان در این آرمانشهر عملی آینده تمدنی را دید که به تفاوتهای فردی امکان بروز می‌دهد و تنوع نژادی و منطقه‌ای و مذهبی و پاره فرهنگی را (به جای سرکوب کردن) با آغوش باز پذیرا می‌شود. و این تمدنی است که اساساً به دور محور خانه بنا می‌شود. چنین تمدنی ایستا نیست بلکه با نوآوریهای خود دائماً در حرکت است ولی در عین حال قادر است برای آنان که خواستار ثبات نسبی هستند یا بدان نیاز دارند محدوده‌های تقریباً با ثباتی فراهم آورد و تمدنی است که دیگر نیازی ندارد تمامی هم خود را مصروف ترویج بازار کند و قادر است علائق زیادی را به خلاقیت هنری جلب کند. تمدنی است که با فرصت تاریخی بی مانند ـ برای مثال پیشرفتهائی که در زمینه ژنتیک و تکامل پدید آمده ـ و خلق معیارهای رفتاری و اخلاقی در رابطه با این مبحث بسیار پیچیده. و بالاخره تمدنی است که حداقل بالقوه مردمی و انسانی است و با محیط زیست سازگاری

بیشتری دارد و مانند جامعه‌های صنعتی موج دوم این طور به منابع ارزان سایر کشورها متکی نخواهد شد.

البته تحقق این هدفها کاری است بس دشوار ولی ممکن.

بدین ترتیب پس از آنکه تمام تحولات کنونی بهم پیوستند جامعه به سوی یک (ضد تمدن) کارساز حرکت خواهد کرد که جایگزین تمدن کهنه و از کارافتاده نظام صنعتی خواهد شد. در یک کلام به سوی یک آرمانشهر عملی.

ملاحظه می‌کنید که آلوین تافلر انتظار چنین تحولی را نداشته است آنچه که رخ داده است با آنچه که تافلر می‌گوید بکلی متفاوت است.

گوینده می‌پرسد: یکی از انتظارات تافلر این بوده که تمدنی بروز می‌کند که با آنچه که هوکسلی در دنیای قشنگ نو انتظار داشته بکلی متفاوت خواهد بود در واقع تافلر در این جمله با رد تخیلی که هوکسلی داشته اعتراف کرده که انتظار بوجود آمدن یک آرمانشهر را ندارد نظر شما در مورد پیش بینی هوکسلی چیست؟

دکتر می‌گوید: چنانکه می‌بینید هوکسلی معتقد به از بین رفتن تفاوتهای فردی است در حالیکه این امکان ندارد و می‌بینید که تفاوتهای فردی کاملاً بر جا هستند اما شیوه‌های خلاف که سبب میشد که تفاوتهای فردی به صورت نامتناسب رخ دهد از بین رفته است ما می‌دانیم که انسان ها با هم متفاوت هستند در واقع این حق هر انسانی است که حاصل رنج و تلاش درست خود را ببیند و واقعاً براساس استعداد و شایستگی‌اش به مقام شایسته خود برسد اما در سیستم قبلی چنین نبوده است بنابراین تنش‌های فراوانی وجود داشته است و تافلر و نویسندگان دیگر یا خط سیر عوارض آنرا پیگیری کرده‌اند و یا آرزوی اصلاح اوضاع را کرده‌اند اما حالا دیگر آرزو نیست بلکه عملاً رخ داده است. چنانکه دیدید تافلر اعتقاد داشت موج سوم تهدیدهای زیادی برای بشر دارد در حالیکه

این تحول تهدیدها را بکلی از بین برده است با همین مورد می‌تو انید تفاوت آنرا بکلی لمس کنید.

گوینده می‌پر سد: ولی در کتا ب تافلر بعضی از جملات و کلمات وجود دارد که تا حدودی منطبق بر اوضاع پیش آمده است در این‌باره چه نظری دارید؟

دکتر می‌گوید : مثال کتاب موج سوم درست مانند حالتی است که دشمن به یک پایگاه حمله کرده باشد و سربازان بدون آنکه دشمن را دیده باشند بدون هدف، به هر سو شروع به تیراندازی کنند، حال بطور اتفاقی گلوله‌ای نیز به یکی از سربازان دشمن آنهم بطور اتفاقی بخورد این حالت با حالتی که شما دشمن را کاملاً ببینید و با یک تفنگ دوربین دار او را با یک گلوله نشانه بگیرید و از بین ببرید بسیار فرق دارد . یا مثلاً او می‌گوید: (تمدن موج سوم به این معنی دقیقاً همان است .... (در قسمت پیش ذکر شده است) .....)

او می‌گوید چنین می‌شود و چنان می‌شود که بسیاری از مطالبی که ذکر می‌کند ضد و نقیض است و نمی‌داند چرا چنین می‌شود در واقع او انتظار دارد در اثر برخوردها و منازعات چنین چیزی رخ دهد در حالیکه چنین نبود مسلم است که اگر مسائل جهان حل شود تنوع نژادی و منطقه‌ای و مذهبی حل می‌شود او می‌گوید: (و این تمدنی است که به دور محور خانه بنا می‌شود) که البته منظورش چندان هم واضح نیست که محور خانه آیا منظورش خانواده است که چنین نبوده بلکه بر اثر توقف خلاف بوده است نه خانه، پس می‌توان ادعا کرد که او چندان هم از اوضاع خبردار نیست فقط نگران است و یا اینکه تافلر در قسمت پرسش نادرست دقیقاً اعتراف می‌کند که نمی‌داند چرا چنین می‌شود او در این قسمت می‌گوید: چرا این اتفاق می‌افتد؟ چرا موج دوم بناگهان کارایی خود را از دست می‌دهد؟ چرا امواج تمدن جدید با تمدن قدیم بر خورد می‌کند؟ هیچ کس نمی‌داند. حتی امروز یعنی سیصد سال بعد پس از واقعه

مورخین نمی‌توانند علت انقلاب صنعتی را بیان کنند همانطور که دیـده‌ایم هر رشته دانشگاهی یـا مکتـب فلسفی مسئله را مطابق میل خود تبیین می‌کند. جبر باوران تکنولوژیک ماشین بخار، زیستبوم شناسان جنگلهای بریتانیا، و اقتصاددانان نوسانات قیمت پشم را عامل این انقلاب می‌دانند دیگران بر تحولات مذهبی یا فرهنگی جنبش دین پیرایئ ، جنبش روشنگری و غیره تأکید می‌ورزند.

در جهان امروز نیز می‌توانیم بسیاری از،، نیروهای متقابل علی،، را به منزله‌ی عوامل اساسی انقلاب جدید تلقی کنیم. کارشناسان افزایش تقاضای بنزین در مقابل عرضه رو به کاهش آن، رشد بیش از حد جمعیت جهان ، یا تهدید رو به افزایش آلودگی هوا در سطح جهانی را به عنوان عوامل اصلی تحول بنیادی جهان ما تلقی می‌کنند. برخی دیگر بر پیشرفت های اعجاب ا نگیز علوم تکنولوژی از پایان جنگ جهانی دوم به بعد و تحولات اجتماعی سیاسی ناشی از آن تـأکیـد می‌ورزند . و بالاخره گروهی دیگر بر بیداری جهان غیر صنعتی و جنبش‌های سیاسی ناشی از آن اشاره دارند که بعلت آن، جوامع صنعتی که به اتکای انرژی و مواد خام ارزان این کشورها رونق یافته‌اند، مورد تهدید قرار گرفته‌اند. علاوه بر آن ممکن است تحولات ارزشی تکان دهنده‌ای ـ نظیر انقلاب در روابط زن و مرد، عصیان جوانان در دهه‌ی ۱۹۶۰، و نگرش در حال دگرگونی نسبت به کار ـ را عوامل اصلی بدانند و یا برخی انگشت روی مسابقات تسلیحاتی بگذارند که باعث شد تا در بعضی زمینه‌ها تکنولوژ ی سریع‌تر پیشرفت کند. به صورتی دیگر ممکن است شخص علت وقوع انقلاب موج سوم را تحولات فر هنگی و معرفت شناختی زمان حال بداند که شاید بهمان اندازه جنبشهای دین پیرائی و روشنگری قرون وسطی عمیق و ریشه دار باشند .

بطور خلاصه می‌توان دهها و حتی صدها جریان تحول را پیدا کرد که با هم تلاقی می کنند و با یکدیگر روابط علی متقابل دارند. می توان در نظام اجتماعی حلقه‌های حیرت انگیزی از باز خوران مثبت که در آن بر خی از تحولات بمیزان وسیعی تسریع و تقویت می‌شوند و نیز حلقه‌هائی از بازخوران منفی که در آن تحولات متوقف می‌شوند، پیدا کرد. و نیز می‌توان این عصر پر تلاطم را به آ نچه دانشمندانی نظیر پریگوگین تحت عنوان ،، جهشی،، عظیم توصیف کرده‌اند تشبیه کرد، که در آن ساختار ساده‌ای بطور تصادفی و ناگهانی به سطح جدیدی از پیچیدگی و تنوع جهش پیدا می کند.
آنچه قادر به یافتنش نیستیم، یک علت مشخص واحد برای تحول موج سوم است. یعنی یک متغییر مستقل واحد یا آن حلقه مفقودهای که زنجیر را بهم متصل می کند. در واقع طرح این پرسش به این صورت که آن علت کدام است، احتمالًا طرح نادرست پرسش و یا بطور کلی پرسشی نادرست است.

اینکه علت پیدایش موج سوم چیست ؟ شاید یک پرسش موج دومی باشد .
بیان این نکته به هیچ وجه به معنی کاستن اعتبار علیت نیست بلکه توجه به پیچیدگی آن است و نیز به هیچ وجه اشاره به اجتناب ناپذیری و جبر تاریخی ندارد. تمدن موج دوم ممکن است که در هم ریخته شده و دیگر کارساز نباشد، ولی این بدان معنی نیست که تمدن موج سوم آنگونه که در اینجا تصویر شده است الزاماً به دنبال آن خواهد آمد. عوامل بسیاری هست که می‌تواند این چشم انداز را از بنیاد تغییر دهد. جنگ و سقوط اقتصادی و فاجعه‌های زیست بومی بی‌درنگ تمام این آینده را در هم خواهد ریخت.
با آنکه هیچ کس قادر نیست تحولات تاریخی اخیر را متوقف سازد ضرورت و تصادف هر دو تأثیر دارند. این باز به معنی آن نیست که بشر قادر نخواهد بود بر

مسیر جریان حوادث تأثیر گذارد اگر آنچه درباره بازخوران مثبت گفته‌ایم درست باشد، چه بسا که یک ((ضربه)) کوچک بتواند تحولات عظیمی در یک نظام بوجود آورد.

تصمیماتی که در حال حاضر اتخاذ می‌کنیم، خواه بعنوان فرد یا گروه یا دولت، می‌تواند تحول را از مسیر خود منحرف سازد و یا به آن جهت تازه‌ای بخشد.

در این منازعه و درگیری بزرگی که میان هواخواهان موج دوم وسوم بر پا شده هر ملتی واکنشی متفاوت نشان می‌دهد روسها به یک صورت عکس العمل نشان می‌دهند و آمریکائی‌ها به شیوه‌ای دیگر و سایر ملتها به طریقی متفاوت با هر دو آنها. وکشورها از این نظر احتمالاً به جای اینکه بیشتر به هم شبیه باشند، با هم تفاوت دارند.

در داخل کشورها نیز این امر صدق می‌کند. تحول کوچکی ممکن است آثار و نتایج عظیمی بر جای گذارد ـ در همه موارد از شرکتها و مدارس و کلیساها و بیمارستانها گرفته تا محله ها. از اینجاست که علی‌رغم همه اینها، مردم ـ حتی افراد ـ در شکل دادن به آینده مؤثر خواهند بود.

این امر بویژه از این جهت واقعیت دارد که تحولات آینده حاصل درگیری و تضاد است نه پیشرفت خودبخودی. زیرا در هر یک از کشورهای پیشرفته صنعتی نواحی عقب مانده‌ای هستند که برای صنعتی شدن کامل دست به مبارزه خواهند زد. آنان تلاش می‌کنند کارخانه‌های موج دومی خود و مشاغلی را که به آنها وابسته است حفظ نمایند. این امر باعث می‌شود تا آنها به در گیری مستقیمی با آن بخشهائی از جامعه که دارای زیر بنای تکنولوژیکی پیشرفته‌ای جهت ورود به تمدن موج سوم هستند، کشانده شوند. چنین کشمکشهائی جامعه را از هم خواهد پاشید، ولی در عین حال فرصتهای بسیاری نیز برای انجام اقدامات مؤثر سیاسی و اجتماعی فراهم می‌آورد.

درگیری بزرگی که اکنون در مناطق بسیاری (در کشورهای صنعتی) میان افراد موج دوم و افراد موج سوم بوجود آمده است به این معنی نیست که دیگر منازعات اهمیتشان را از دست داده‌اند. تعارض طبقاتی، تعارض نژادی، درگیری میان جوان و پیر یا آنچه که من در جای دیگر امپریالیسم میانسالان نام نهاده‌ام، تعارض بین نواحی و بین زن و مرد و بین مذاهب، همگی ادامه خواهند یافت حتی بعضی از آنها شدیدتر نیز خواهند شد. اما همه آنان را منازعه بزرگ شکل خواهد داد. این منازعه بزرگ است که بیش از هر چیز دیگر آینده را تعیین می‌کند.

در عین حال، با خروش موج سوم در برابر دیدگان ما، دو چیز راه خود را باز می‌کند: اول، حرکت در جهت انتقال جامعه به سطح عالیتری از تنوع: یعنی انبوه زدائی جامعه انبوه. دیگری، شتاب، یعنی تحول تاریخی با سرعتی بیشتر تحقق می‌یابد. این دو با هم فشارهای عظیمی بر افراد و نهادها وارد می‌آورند، و درگیری و منازعه بزرگ را دامن می‌زنند و آنرا تشدید می‌کنند.

افراد و نهادها که به تنوع کم و تحول آرام عادت داشته‌اند بناگهان خود را درگیر با تنوع بسیار و تحولات سریع می‌یابند. فشارهای متقاطع از حد توان آنها برای تصمیم گیری و عکس العمل خارج است. نتیجه آن شوک آینده است. برای ما فقط یک راه بیشتر باقی نمانده است. باید خودمان و نهادهایمان را برای مقابله با واقعیات تازه از نو بسازیم.

این قیمتی است که باید برای راه یا فتن به آینده‌ای کارساز و انسانی پرداخت. بهرحال، برای ایجاد تحولات ضروری باید به دو مبحث مهم، نظری کاملاً تازه و خلاق انداخت. هر چند که هر دوی این مباحث برای بقای ما حیاتی هستند ولی در مباحثات عمومی بدان توجه چندانی نشده است. یکی عبارت است از آینده شخصیت و دیگری سیاست آینده.

اگر به این نوشته دقت کنید متوجه می‌شوید که ما موج سوم را پشت سر گذاشته‌ایم و آنچه تافلر گفت اتفاق نیافتاد و این تحول چند موج آنطرف‌تر از موج سوم است پس این تحول به هیچ وجه آن چیزی نیست که شما بخواهید از آن یاد کنید.

گوینده می‌گوید: از کجا می‌دانید که این چند موج آنطرف‌تر است؟

دکتر گفت: ببینید شما به قسمتی که او می‌نویسد (بیان این نکته به هیچ وجه به معنای کاهش اعتبار نیست.......) توجه کنید. در تحول جدید ما با یک پدیده اجتناب ناپذیر روبرو هستیم پس قابل اجتناب بودن باید مربوط به مراحل قبل از این تحول بوده باشد.

او انتظار دارد جنگ و سقوط اقتصادی و فاجعه زیست بومی همه چیز را خراب کند در حالیکه در این مرحله چنین نیست پس دو حالت بیشتر نمی‌توان انتظار داشت یا تصور وی اشتباه بود ه یا باید دو یا سه موج قبل از این تحول را برایش در نظر گرفت و جستجو کرد. حتی او معتقد است که تحولات آینده حاصل درگیری و تضاد است نه پیشرفت خود بخود، در حالیکه در این مرحله شما می‌بینید که ضدیت‌ها به اتمام رسیده و انسان به آرامش رسیده است.

حتی او انتظار دارد بعضی از درگیریها شدیدتر نیز بشوند که شاید در گذشته شده‌اند و یا پیش‌بینی اشتباه بوده و این یک روند طبیعی بوده است در حالیکه در این تحول درگیریها بکلی از بین رفته است.

گوینده می‌پرسد: آقای دکتر آلوین تافلر از ناهمگنی اقوام در کشورها نگران است تأثیر این تحولات در این مورد چگو نه بوده است ؟

دکتر جواب داد: در اثر تحولات جدید این نگرانی رفع شده است علت اینکه تافلر و دیگر هم‌فکران او این چنین فکر کرده‌اند این بوده که آنها مکان را بطور ضمنی وارد معادله می‌کردند یعنی برای آنها این مکان بود که تعیین می‌کرد در

هر جائی بافت چگونه است در حالیکه با این موج تحول مفهوم جدیدی برای ارتباطات و مکان و فضا مطرح شده است که تا قبل از امروز چنین نبوده است نگرانی افرادی همچون ماساکی تاکین با توجه به این توضیحات بی مورد است و جوامع مختلف بدون اینکه وابسته به مفهوم گذشته باشد همچنان همگن هستند.

گوینده پرسید: پس چرا افرادی مانند ماساکی تاکین چنین فکر کرده‌اند؟
دکتر جواب داد: ببینید ماساکی تاکین هم مثل اکثر مردم اسیر مفاهیم گذشته بوده است و مبانی اندیشه او نیز همان تعریف‌هائی بوده که در گذشته وجود داشته است بنابر این در آن سیستم چنین نتیجه‌گیری درست بوده است اما اکنون با تغییر کلی سیستم دیگر درست نیست، این حالت درست مثل این است که ناگهان مجموعه‌ای از اعداد را کشف کنیم که با مجموعه اعداد حقیقی فرق داشته باشد و در آن با تعریف‌های جدید بتوان ثابت کرد $2+2=7$ در این صورت کلیه حسابهای ما نیز باید تغییر کند البته این فقط یک مثال برای درک موقعیت پیش آمده است مسلم است که در این مجموعه باید بگوئیم $2-7=2$ در حالیکه تا قبل از این $2-7=5$ بود.

گوینده گفت: آقای دکتر با پاسخهائی که شما دادید مسلم شد که این پدیده یک تحول نو می‌باشد و با ذکر گوشه‌هائی از کتب دیگر ثابت کردید که این مسئله نه تخیل است و نه حاصل ضدیت‌ها بلکه یک کشف جدید است که در اثر آن بسیاری از مشکلات بشر به واقع حل شده است.
گوینده از آقای دکتر تشکر کرد و او نیز با بینندگان خداحافظی کرد سپس گوینده اعلام کرد تا چند لحظه دیگر گفتگوئی با یک متخصص علم اقتصاد خواهیم داشت و در این فاصله بینندگان را به میان برنامه کوتاهی دعوت کرد چند لحظه بعد برنامه با موزیک مخصوص خود دوباره شروع شد.

گوینده ضمن خوش‌آمد به پرفسور از او خواست خود را معرفی کند و پرفسور پس از عرض سلام خود را معرفی کرد.

گوینده پرسید: جناب پرفسور حتماً از تحولات پیش آمده خبر دارید ما در طی چند برنامه و گفتگو با مهمانان عزیز سعی داریم تحولات پیش آمده و تأثیر آن در ابعاد مختلف زندگی انسان را بررسی کنیم سئوال این است آیا اقتصاد با یک انقلاب روبرو شده است؟

پرفسور جواب داد: بهتر است بگوید تنظیم و میزان شدن تا انقلاب.

گوینده گفت: آیا تنظیم یک انقلاب نیست؟

پرفسور گفت: چون بشر از لفظ انقلاب بسیار سوءاستفاده کرده است من نمی‌خواهم از این کلمه استفاده کنم، نه تنظیم در واقع یک نوع اصلاح است نه انقلاب.

انقلاب را معمولاً برای دگرگونی کلی بکار می‌برند (یعنی همه چیز با قبل فرق کرده است) ولی تنظیم لغت بهتری است چرا که سال‌ها بشر از تنظیم اقتصاد عاجز بود و به همین دلیل دچار مشکل می‌شد و حالا این تنظیم رخ داده است اکثر انقلاب‌های بشر در ابتدا با هرج و مرج طلبی همراه بوده و مدت زمان زیادی طول کشیده تا آرامش به جامعه برگردد اما در این موج از همان ابتدا آرامش برقرار شده است بنا براین بهتر است در انتخاب لغات کمی‌دقیق‌تر باشیم.

گوینده پرسید: آقای پرفسور در این تحول چه کسانی ضرر کرده و چه کسانی نفع برده‌اند؟

پرفسور گفت: ضرری متوجه هیچ کس نیست تنها اتفاقی که رخ داده است توقف خلاف است.

گوینده گفت: لطفاً واضح‌تر بگویید.

دکتر گفت: ببینید وقتی عمل خلافی در جامعه رخ می‌داد اثر این عمل حتماً به آن فرد باز می‌گشت فرض کنید وقتی شخصی از بانک اختلاس می‌کرد و به مبلغ زیادی می‌رسید به این معنی نبود که آ ن فرد دیگر بارش را بسته است در واقع تازه شروع مشکلات بود مثلاً او با این پول باید با انسانهای زیادی برخورد می‌داشت و در نتیجه چشم طمع زیادی به سوی او دوخته می‌شد و نهایتاً به او آسیب می‌رسید البته این در شرایطی بود که او توانسته باشد از چنگ قانون فرار کند یعنی در واقع در هیچ شرایطی نفعی متوجه او نبود و سرانجام آن پولها به جامعه باز می‌گشت و تنها چیزی که باقی می‌ماند عوارض این عمل بر جامعه بود و هر فردی از جامعه بر اساس مقدار تقصیر از این عوارض آسیب می‌دید.

گوینده گفت: منظورتان از آسیب‌پذیری بر اساس مقدار تقصیر افراد چیست اگر ممکن است واضح‌تر بگویید؟

پرفسور گفت: در یک عمل خلاف تنها کننده کار یا خلاف مقصر نبود بلکه عوامل زیادی باهم جمع می‌شدند و این نیرو را در فرد ایجاد می‌کردند تا مرتکب خلاف شود مثلاً در مورد کارمند اختلاس کننده از چشم و هم چشمی‌های فامیلی تا نحوه تربیت و ایمان مردم آن جامعه و غیره مؤثر بودند. وقتی یک نفر کاری می‌کند حتماً ثمره‌اش را بر می‌دارد اگر خوب باشد ثمره خوب و اگر بد باشد ثمره بد نصیبش می‌شود، اما حالا دیگر چنین نیست واکثر عوامل ایجاد کننده خلاف متوقف شده‌اند.

گوینده می‌پرسد: چرا اکثر چرا نمی‌گویید صد در صد؟

دکتر می‌گوید: ببینید هیچوقت به صد در صد نمی‌رسد بلکه همیشه کمی باقی می‌ماند که قابل توقف نیست درست مثل مشتق در ریاضی که به صفر نمی‌رسد اما قابل صرفنظر کردن است ما هیچ وقت نباید از لغت صفر استفاده کنیم (البته در این مورد)

گوینده می‌پرسد: آیا رشد اقتصادی متوقف می‌شود و آنطور که خیلی‌ها می‌گویند در آرمان نشهرها در کمال به سکون می‌رسد در اینجا نیز چنین است؟
پرفسور می‌گوید: ابداً چنین نیست تا قبل از امروز ما رشد کاذب اقتصادی داشتیم و امروز با این تنظیم و اصلاح به رشد واقعی رسیده‌ایم.
گوینده می‌پرسد منظورتان از رشد واقعی و کاذب چیست؟
پرفسور می‌گوید: رشد کاذب در واقع یک نوع جنگ بود، جنگ اقتصادی که جوامع مختلف با هم انجام می‌دادند، مثلاً چین جنس‌های تقلبی را به بازارهای جهانی وارد می‌کرد که در نتیجه آن هم محیط زیست آلوده می‌شد و هم منجر به خراب شدن اقتصاد کشورهای دیگر می‌شدکه اگر درست فکر کنیم یک نوع دزدی بود اما در قالب محترمانه چون از فرهنگها سوء استفاده می‌شد پس پولی که بدست می‌آوردند نتیجه فعالیت درست نبود بنابر این کاذب یا دروغ بود کشورهای دیگر نیز برای مقابله همین کار را می‌کردند و در واقع این یک جنگ بود زیرا جنگ یعنی حالتی که به طرف مقابل خود ضربه بزنیم و این نیز چیزی جز جنگ معنی نمی‌دهد اما اکنون این عمل خلاف است. کشورها از این ببعد سعی می‌کنند میزان خدمات درست را افزایش دهند زیرا در غیر این صورت چیزی عایدشان نمی‌شود بنا براین رشد واقعی می‌شود.
گوینده می‌پرسد: بیکاری چگونه تغییر یافته است؟
پرفسور می‌گوید: فکر می‌کنم دیگر همه می‌دانند که بیکاری از بین رفته است و حتی کار نیز مفهوم بسیار با ارزش‌تری پیدا کرده است شما حاصل این دو عمل را حساب کنید آنگاه متوجه اوج و عظمت این تغییر می‌شوید.
گوینده می‌پرسد: آیا ثروتمند شدن دیگر ممکن نیست؟ چون می‌دانیم که این عامل برای ایجاد انگیزه پیشرفت در بشر لازم است.

پرفسور می گوید: هیچ توقفی در این مورد رخ نداده است فقط اندوختن ثروت از راه نا مشروع متوقف شده است مثلاً دیگر کسی نمی‌تواند کارخانه پفک نمکی راه بیاندازد و ثروتمند شود چون این محصول برای سلامتی جامعه ضرر دارد بجای آن، فرد به فعالیت بهتر دیگری می‌پردازد به عبارت دیگر ثروت او حاصل بیمار شدن کودکان نخواهد بود بنابراین این فرد می‌تواند ثروتمند شود اما نه از راهی که برای جامعه ضرر دارد شما کم شدن ضرر را حساب کنید و هزینه‌ای که به جامعه باز می گردد آ نوقت خواهید دید که ثروتمند شدن خیلی راحت‌تر شده است و حتی دیگر فقیر هم نیست که ثروت او را تهدید کند زیرا می‌دانیم یکی از تهدیدهای ثروتمندان فقرا هستند حال دیگر فقیری نیست که او را تهدید کند مثلاً در بسیاری از کشورهای آسیائی و غیره افراد خلافکار با دزدیدن فرزندان اشخاص ثروتمند به کل زندگی آنان لطمه می‌زدند حالا دیگر چنین امری ممکن نیست ملاحظه می کنید هم ثروتمند شدن را حت‌تر شده است و هم امنیت بیشتری برای آن فراهم شده است.

گوینده می گو ید: آیا به نظر شما این یک انقلاب نیست؟

پرفسور می‌خندد و می گوید: شما چرا اینقدر دوست دارید از این لغت استفاده کنید، نه، در اثر یک تنظیم ساده این مسائل خود بخود رخ داده است حالا شما دوست دارید اسمش را انقلا ب بگذارید.

گوینده می‌پر سد: چه محدودیت‌هائی پیش آمده است؟

پرفسور گفت: هیچ! تنها فعالیت‌های مضر متوقف شده است مثلاً اگر فعالیتی محیط زیست را تهدید کند متوقف می‌شود در نتیجه صاحبان هر چه زودتر به فکر چاره می‌افتند و مسئله خیلی سریع‌تر از آنچه تصورش می‌رفت حل می‌شود چون انسان توانائی حل همه مشکلاتش را دارد بنابراین نیروی حل مشکلات خود را خیلی سریع‌تر و وسیع‌تر بکار می گیرد و خود از عمل انجام داده بیش از

دیگران نفع می‌برد مسئله‌ای که سالها کنفرانس‌های جهانی برایش می‌گذاشتیم و نمی‌توانستیم حل کنیم حالا خیلی راحت حل می‌شود. پس محدودیت نداریم بلکه تسریع در پیشرفت درست و واقعی و عدم خلاف رخ داده است زیرا انسان فکر می‌کرد اگر خود به نفع برسد می‌تواند زندگی راحتی داشته باشد ولی حالا نفع خود را در این می‌یابد که به دیگران نفع برساند و آنگاه بسیار بیشتر از قبل عایدش می‌شود و با اعصابی بسیار آرام تر آن را مصرف می‌کند و این یعنی پیشرفتی بی نظیر!

گوینده از پرفسور تشکر می‌کند و می‌گوید: پرفسور از اطلاعاتی که به ما دادید بسیار ممنون هستیم، بینندگان عزیز تا دقایقی دیگر با یک محقق مسائل بهداشتی در مورد تحولات پیش آمده مصاحبه خواهیم کرد پرفسور نیز از بینندگان خدا حافظی کرد.

چند لحظه بعد یک کارشناس مسائل بهداشتی برای توضیح در استودیو حاضر شد.

گوینده پس از خوش آمدگوئی و تعارفات پرسید: آقای دکتر با توجه به تحولات پیش آمده و توقف اعمال خلاف و ضد بشری می‌خواهیم تأثیر این مسائل در امور بهداشتی و سلامتی انسان را بدانیم خواهش می‌کنم بفرمایید.

دکتر گفت: بی‌تردید بسیاری از مشکلات بشر در طی زندگی خود که ابعاد سلامت او را تهدید می‌کرد ناشی از اعمال خلاف بوده است بنابراین با توقف این اعمال باید بهبود قابل ملاحظه‌ای را در پیش داشته باشیم مثلاً گسترش ایدز تا حدود زیادی ناشی از اعمال منافی عفت که بخاطر مسائل تن فروشی در اثر فقر و یا غیره پیش می‌آمد یا دختران و کودکانی که از سرزمین‌های خود ربوده می‌شدند و برای این کار به خدمت گرفته می‌شدند در نتیجه سبب افزایش این بیماری یا سایر بیماری‌های جنسی می‌شد اما دیگر ارتکاب به این اعمال ممکن

نیست با توقف این اعمال قسمت زیادی از مسائل مربوط به این بیماریها حل شده است و یا با توقف فقر و از بین رفتن آن در کشورهای مختلف جهان از جمله کشورهای افریقائی شاهد توقف بسیاری از بیماری‌های عفونی و بیماریهای ناشی از سوء تغذیه خواهیم بود و یا با حل مسئله انرژی بسیاری از بیماری‌های ناشی از آن دیگر پیش نمی‌آید و یا با توقف رد و بدل شدن کالاهائی چون مواد مخدر ـ سیگار ـ مواد غذائی مضر ...... دیگر شاهد بیماری‌های ناشی از این مسائل نخواهیم بود و بشر به یک تحول عظیم در امر بهداشت رسیده است دیگر لازم نیست بازرسان ما به مراکز رسیدگی کنند یعنی ما هزینه‌های اضافی برای رسیدگی به امر بهداشت را نداریم و این اتلاف هزینه نیز برای امر بهداشت صرف می‌شود بعبارت دیگر ظهور سیکل بهبود و توقف سیکل معیوب را بدست آورده‌ایم. ما دیگر فرد بیماری را که بخاطر فقر نتواند به پزشک مراجعه کند نداریم در نتیجه شاهد کاهش شدید عوارض بیماری خواهیم بود و در ضمن با توقف عمل خلاف حتی عوارض ناشی از طمع کادر درمان نیز از بین رفته است.

با این گفته گوینده خندید و گفت: بسیار خوب آقای دکتر اگر مسائل دیگری نیز وجود دارد که باید گفته شود بفرمایید چون ما سئوال دیگری در این‌باره نداریم.

دکتر گفت: نه من عادت دارم مختصر و مفید حرف بزنم فکر می‌کنم اگر بینندگان کمی فکر کنند به اوج موفقیت پیش آمده پی خواهند برد در ضمن ما دیگر به صورت گذشته بیمار روانی نخواهیم داشت و این مهمترین قسمت مسئله است اگر کمی دقیق باشید معنی این جمله بسیار عظیم است.

گوینده گفت: ممکن است بیشتر توضیح بدهید.

دکتر گفت: بر اساس مدل استرس ـ استعداد با توقف عمل خلاف بسیاری از استرس‌ها حذف می‌شوند بنابراین واضح است که بیماریهای روانی باید به شدت کاهش یابند و این یعنی برگشت جز بسیار زیادی از اتلاف انرژی بشر برای صرف در مسائل دیگر که منجر به پیشرفت بسیار سریع انسان می‌شود.

گوینده گفت: این قسمت از صحبت‌هایتان هیجان و شادی زیادی در ما ایجاد کرد و ما را تشویق می‌کند با نیروی بیشتری بخش دیگر برنامه را ادامه دهیم هر چند تمامی مسائل پیش آمده هیجان بر انگیز است و وصف ناپذیر.

اما قبل از اتمام لازم شد بعنوان آخرین سئوال، سئوالی را مطرح کنم: شما گفتید بیماریهای جنسی در اثر توقف خلاف کنترل می‌شوند آیا این کنترل شامل روابط عاطفی عادی یعنی روابطی که اشخاص بر طبق میل خود انجام می‌دهند نیز می‌شود؟

دکتر خندید و گفت: سئوال بسیار جالبی است اگر شما مزاحم یک انسان دیگر بشوید این خلاف است اگر دو شخص بخواهند به میل خود با یکدیگر رابطه داشته باشند کسی نمی‌تواند مزاحم آنها شود زیرا مزاحمت خلاف است تنها زمانی که عمل آنها خطری را متوجه جامعه کند متوقف می‌شود.

گوینده گفت: مثل اینکه این سئوال آخر بحث را جالب‌تر کرد.

دکتر گفت: بله اما فراموش نکنید که ما قصد قضاوت نداریم اینگونه اعمال ممکن است در بسیاری از جوامع بر اساس عرف یا دین آن جامعه مذموم باشند و توصیه به پرهیز شده باشند و شاید هدف از آن حفظ نسل بشر باشد اما در سیستم جدید ما حق نداریم مستقیماً با روابط انسانها درگیری ایجاد کنیم در عوض کنترل عوامل خطرساز به شدت قابل اجراست اما حق خلاف نداریم. در واقع سیستم جدید قانون جدید خود را همراه با خود در یک زمان مطرح کرده است یعنی در یک آکت با هم ظاهر شده‌اند.

سعدی خداوند سخن فرمود: خدا می‌بیند و می‌پوشد بنده نمی‌بیند و می‌خروشد اما حالا دیگر بنده نیز نمی‌خروشد.

گوینده پرسید: آیا انجام این اعمال اختیاری منجر به گسترش بیماری و ضرر به جامعه نمی‌شود؟ یعنی در نهایت این عمل منجر به خلاف نمی‌شود؟

دکتر گفت: ببینید با توقف قسمت اعظم اعمال خلاف جامعه و هدفمند شدن فعالیت‌های بشر زمینه برای کنترل این بیماریها هزاران برابر شده است یعنی در واقع ما در کنترل این بیماری‌ها از طرف دیگری موفق شده‌ایم شاید اگر قبلاً بیشتر بشر را متوجه اعمال اخلاقی می‌کردند به این دلیل بود که این راه کم هزینه‌ترین راه بود اما حالا ما به راه بهتر دیگری نیز دست یافته‌ایم و این در حالی است که ارزش مسائل اخلاقی نیز بسیار بیشتر از گذشته می‌باشد یعنی ما مشکل را با دو اهرم تحت فشار حل گذاشته‌ایم اما هیچگاه نمی‌خواهیم از راه اعمال زور انسان را به رعایت مسائلی که نفع او در آن است وادار کنیم زیرا می‌دانیم که اجبار نتیجه‌ای معکوس دارد در قسمت دیگر برنامه نیز اقتصاددان شما به شما توصیه کرده بود از لغت صفر استفاده نکنید و این حالت نیز همانند مثال مشتق است یعنی حرکت به سمت صفر اما نباید تصور کرد که به صفر می‌رسد، فقط به صفری که آرزویش را داشتیم نزدیک می‌شویم و این یعنی یک تحول عظیم یعنی نزدیک شدن به آرزوی نهائی، حالا در مقابل اینهمه پیروزی چنین مسائل پیش پا افتاده‌ای اصلاً به چشم نمی‌آیند .!

گوینده در حالیکه از توضیحات کارشناس سلامت بسیار به وجد آمده بود با او خداحافظی کرد و بخش دیگر برنامه را با حضور یک متخصص جامعه شناسی اعلام کرد.

چند لحظه بعد پس از پخش یک میان برنامه یک محقق جامعه شناسی به استودیو آمد و مصاحبه شروع شد.

گوینده گفت: آقای دکتر خوش آمدید در واقع حضور شما می‌تواند اطلاعات بسیار ذی‌قیمتی را به ما بدهد ما در پی تحولات پیش آمده هر بخش از مسائل اجتماعی را با محققین همان بخش مورد بحث قرار داده‌ایم از شما نیز سئوالی داریم: ابعاد تحولات اجتماعی از دید شما را می‌خواهیم بدانیم؟

دکتر گفت: بله خوشحال می‌شوم چیزهائی را که در پی این تحول رخ داده به اطلاع شما برسانم از امروز جامعه جهانی به یک باره تحول جدیدی را پذیرا شده است در واقع این تحول بطور ناگهانی رخ داده‌است مسائلی که تا دیروز جامعه جهانی را تهدید می‌کرد به ناگهان از بین رفته‌اند. مسائلی چون اختلاف بین کشورها ناگهان ارزش خود را از دست داده و همه متوجه شدند که این مسائل بیهوده بوده و حاصل کوتاه فکری انسان بوده است در واقع با مطرح شدن مسائل جدید این مسائل نه تنها دیگر ارزش ندارند بلکه مطرح شدن آنها موجب شرمساری کشورها می‌شود، آنان اکنون به این فکر می‌کنند که چگونه مغز آنها آنقدر کوچک بوده که چنین مسائلی، اینگونه برایشان بزرگ جلوه نموده‌است.

گوینده گفت: آقای دکتر ما در این بخش که آخرین بخش برنامه ماست می‌خواهیم علت را بدانیم ما قصد داریم بدانیم که چه چیز سبب شده است مسائل بناگهان اینگونه تغییر کنند؟

دکتر گفت: بله، حتماً من این پاسخ را به شما می‌دهم اما قبل از آن باید تحولات را بخوبی بدانید آنگاه علت را نیز بیان می‌کنم.

گوینده گفت: بسیار خوب آقای دکتر شما تحولات اجتماعی را پی‌گیری کنید و در نهایت علت را برای ما بگویید.

دکتر گفت: سالهاست که ما شاهد اختلافات کشورهائی همچون هند و پاکستان ـ ایران و عراق ـ سوریه و لبنان ـ کشورهای اروپائی و آسیائی ـ کشورها و گروه‌های افریقائی ـ اقوام مختلف امریکائی ـ امریکا و روسیه و بسیاری از

کشورهای همسایه هستیم و می‌دانیم که جوامع مختلف در اثر این اختلافات به جنگهای ویرانگری بر ضد یکدیگر کشانده شده‌اند. نظریه‌های جامعه شناسی مختلفی برای توضیح علل انقلابات جوامع مختلف مطرح می‌شد اما همه آنها ناقص بودند و علت را بطور ناقص بررسی می‌کردند چرا که دید انسان در سیستم قبلی بکلی ناقص بود و جامعه‌شناسی نیز علمی بر خاسته از همان دید و جوامع ناقص بود و ما هرگز چشم خود را به سوی واقعیت‌ها باز نکردیم و حتی اگر گاهی به آن توجه می‌کردیم که البته توجه نیز وجود داشته است چون ابزاری برای اصلاح نداشتیم از آن دور می‌شدیم و ناچاراً به سمت و سوی بدتر کشانده می‌شدیم. اکثر اوقات بشر علت بدبختیهای خود را می‌دانست اما راه رهائی از آنرا نمی‌دانست و نهایتاً نا امید از اصلاح آن، دست می‌کشید این مسائل در جوامع مختلف در طول تاریخ به کرات تکرار شده است.

دانشمندان زیادی علل بدبختی و مسائل پیچ خورده را بیان می‌کردند اما شرایط آن دورانها امکان حل را به آنها نمی‌داد اما با پیشرفت های بشر این امکان فراهم شد.

ما دیگر شاهد تنش‌های هسته‌ای در جهان نیستیم، دیگر تفاوت‌های مذهبی نمی‌تواند ایجاد اختلاف بکند و اختلافات سنگ بنای دشمنی‌ها گردد این دیگر شعار نیست واقعیتی است که همه مشاهده می‌کنید.

گوینده می‌پرسد: به نظر شما چگونه یک تحول توانست تمامی ابعاد انسان را تحت تأثیر قرار دهد منظور حتی تا این حد که بتواند مسائل اعتقادی را هم از برخورد با یکدیگر نجات دهد؟

دکتر گفت: اینکه تا قبل از امروز مسائل اعتقادی با یکدیگر در برخورد بودند مسئله‌ای بود متأثر از اعمال دیگر جهان به تعبیر دیگر این مشکلات ناشی از مشکلات دیگری بوده است برای مثال در بحران کشمیر که ریشه در تقسیم

کشور هند در گذشته دارد مسئله اعتقادی هندو و مسلمان بودن برای مبنی تقسیم مطرح گردید در نتیجه مسائل اعتقادی با منافع در هم گره خورد و از این مسائل برای تحریک نیروها بر علیه یکدیگر در طول زمان سوء استفاده شد اما حالا با حل این مسائل این گره از مسائل مذهبی نیز به طبع باز شده است. یا در جنگهای صلیبی جنگ طلبان برای کسب نفع از نیروی ایمان مردم برای تحریک استفاده کردند پس ملاحظه می‌کنید که مسائل اعتقادی نیز از زمانهای گذشته در مشکلات دیگر گره خورده است پس واضح است با حل این مشکلات این مسائل نیز خود بخود حل می‌گردند یعنی انسانها چون نمی‌توانند خلاف کنند. به طبع از این عوامل نیز برای پیروزی استفاده نمی‌کنند در واقع می‌توان گفت که دیگر از مذاهب نمی‌توان سوء استفاده کرد این یک عمل خلاف است و خود بخود متوقف شده است از این ببعد هر کسی ارتباط خود را با خدایش بطور خصوصی دارد یعنی نمی‌توان از این ارتباط خصوصی سوء استفاده کرد.

گوینده پرسید: یعنی به نظر شما چون مسائل مذهبی با مسائل مادی گره خورده بود با هم در تنازع بودند؟

دکتر گفت: یکی از دسته بندیهای جوامع، طبقه‌بندی بر اساس اعتقادات می‌باشد در پی این دسته‌بندی‌ها منافع نیز طبقه بندی می‌شوند. می‌دانیم که ادیان اسلام، مسیحیت، یهودی، بودائی، و..... هر یک بر اساس شیوه نگرش خود، به مذاهب گوناگون تقسیم می‌شوند تا قبل از امروز تنازع‌های زیادی بین این مذاهب رخ می‌داد حتی اگر چه در بسیاری از موارد ذکر نمی‌شد اما با کمی تحقیق می‌توانستیم رد پای مذاهب را در اختلافات پیدا کنیم و یا اگر مبنای اختلاف نمی‌شدند باعث تشدید و یا حل نشدن آن می‌شدند (مثل بحران فلسطین)، و هر کدام از مذاهب سعی می‌کردند به منافع جدیدی برای پیروزی

دست یابند که این خود تنش‌ها را افزایش می‌داد حال اگر زمینه‌های ادامه تنش حذف شود خود بخود زمینه حل فراهم می گردد.

نکته بسیار مهم این است که این مذاهب برای اثبات حقانیت خود دیگر نیازی به بر خورد ندارند بلکه هر کدام که بتوانند بیشترین فایده را به بشریت برسانند به بیشترین نفع دست می‌یابند در نتیجه این بار اثبات حقانیت بر اساس اثبات درست بودن و مفید بودن آنهاست و این خود یعنی پیشرفتی باور نکردنی!

اما تا قبل از امروز چون پیروزی با کسب نفع ممکن بود در نتیجه تنازع و برخورد غیر قابل اجتناب بود اما حالا چنین نیست اگر بودائیان بتوانند بیشترین فایده را برسانند دین کاملی خواهند بود حال اگر اسلام بتواند در این رقابت جلو بزند موفق‌تر است و الی آخر، می‌توان آنرا به مسابقه آشپزی تشبیه کرد که هر چه غذا خوشمزه‌تر باشد برنده است اما مثلاً در مسابقه قدرت تخریب بمب، هر کدام که تخریب بیشتری می کرد برنده بود حال این برنده را با آن برنده، مقایسه کنید می‌بینید یک رقابت بد تبدیل به یک رقابت خوب شده است. در حقیقت با تعویض ملا کها به سادگی به این روش دست یافته‌ایم.

گوینده گفت: یعنی می گویید روش مبارزه تغییر کرده است؟

دکتر گفت: دقیقاً، یعنی نفس مبارزه پا برجاست اما از شیوه‌های مخرب به شیوه‌های سازنده تبدیل شده است این درست مانند حالتی است که ما چند کودک را بیاوریم و یک مسابقه سازنده به جای یک مسابقه مخرب بین آنها برقرار کنیم مثلاً بعوض اینکه بگویم هر کدام که بیشترین چشم را کور کرد برنده است بگویم هر کدام که بیشترین دوستی را برقرار کرد برنده است با روشهای پیش آمده زمینه‌های رقابت از مخرب به سازنده تبدیل شده‌اند.

گوینده پرسید: آقای دکتر می‌دانیم که در طول تاریخ در جوامع بشری افراد زیادی قیام کرده‌اند و جوامع را به سمت و سوی مشخص که گاه درست و گاه

نادرست بوده هدایت کرده‌اند آیا شباهتی بین ادعاهائی که درگذشته توسط رهبران می‌شده و وضع پیش آمده وجود دارد؟

دکتر گفت: مطالعات جامعه شناسی و تاریخی نشان می‌دهد که بشر همواره برای اصلاح تلاش کرده است اما چون ابزارها، درست انتخاب نمی‌شد یا تکنولوژی، درست در اختیار نداشت اکثراً یا از همان ابتدا و یا در طول زمان دچار تحریف می‌شدند مثلاً انقلاب کمونیستی روسیه یا آزادیخواهان در فرانسه یا.....هر کدام نهایتاً با شکست روبرو شدند.

گوینده گفت: شما از کمونیست‌ها حرف زدید، بسیار خوب اگر حکومت کمونیستی و نظریه مارکس به درستی پیاده می‌شد و از اصول آن صیانت می‌شد آیا هیچ شباهتی بین وضع پیش آمده و نتایج آن وجود داشت؟

دکتر گفت: نه، به هیچ وجه، ببینید بنای نظریه مارکس بر دیکتاتوری کارگری و از بین رفتن بورژووازی استوار بود این نظریه در صورت پیروزی و حتی صیانت از اصول بدست آمده جز نابودی چیزی به همراه نداشت آنها خود نیز نمی‌دانستند چه می‌خواهند فقط فکر می‌کردند اوضاع موجود نتیجه بهره‌کشی ظالمانه از کارگران است بنابراین نتیجه می‌گرفتند اگر کارگران صاحب همه چیز شوند و مالکیت عمومی شود مسئله حل است و فکر نمی‌کردند با این کار انگیزه پیشرفت را از بشر سلب می‌کنند ! آنان می‌گفتند باید سرمایه‌دار از بین برود آنها به دیکتاتوری پرولتاریا معتقد بودند یعنی بسیار بی‌رحم‌تر از بورژووازی،!. بورژووازی زمینه‌های اشتغال پر ولتاریا را فراهم کرد از این طریق او را در آنچه که داشت شریک کرد هر چند در ابتدا به دلیل خصلت‌های انسان در مقابل کارهائی که کارگران انجام می‌دادند دستمزدها ناعادلانه بود اما بتدریج با پیدایش سازمان‌ها، این وضعیت متعادل گشت. اما کمونیست‌ها به دیکتاتوریی معتقد بودند که بورژوواها را حتی زنده نگذارند (همچنان که در

بسیاری از کشورها نشان دادند) آنها عقایدی داشتند که با آن عقاید تبدیل به انسانهای خونخوار شده بودند چنانکه نمونه‌های آنها را در بسیاری از کشورها دیدیم مثلاً در روسیه سالهای خفقان و قتل و عام‌های فجیع - قحطی و غیره در چین در کامبوج ...اینها همه تجربه‌هائی هستند که اگر بخوبی دقت کنیم می‌بینیم هیچ شباهتی نه تنها وجود ندارد بلکه کاملاً در جهت عکس هم هستند اینجا با توقف خلاف جریان عدالت در جامعه برقرار شده است اما آنجا می‌خواستند به قول خود انتقام بگیرند یک عده که به نظر آنها و به نادرست مقصر بودند از بین بروند برای یک عده دیگر. آنها تصور نمی‌کردند که تمام بدبختیها نتیجه اعمال خلاف است حال با توقف خلاف دیگر بدبختی‌ای وجود ندارد و کار تبدیل به سرمایه‌ای بزرگ شده است یعنی هر کس کار کند سرمایه‌دار است!

نکته بسیار باریک اینکه، نباید فراموش کنیم که پیشرفت بشر و رسیدن به این مرحله مدیون بورژووازی است اگر چه بورژووازی ظلم های زیادی نیز کرده است در این مرحله دیگر بورژووازی نیز قادر به ظلم کردن نیست!

گوینده پرسید: آقای دکتر شما از عدالت سخن گفتید می‌توانم بپرسم عدالت اجتماعی را شما چگونه تعریف می‌کنید؟

دکتر گفت: ببینید عدالت به معنای مساوی بودن نیست چیزی که در بسیاری ازآثار نویسندگان که در مورد مدینه‌های فاضله یا آرمان شهرها بیان می‌شود که آنجا دیگر تفاوتها بین افراد نیست ،، حُسْنِ جامعه انسانی به تفاوتهای آن است نه به مساوات آن ،، پیشرفت بشر حاصل همین تفاوتهاست اگر همه مساوی می‌شدند همه هم باید شبیه هم می‌شدند در آن صورت انسان چیزی شبیه زنبور عسل می‌شد که حاصل کارش یک چیز است آنهم عسل، ولی می‌بینید در این دنیا تفاوتها سبب شده است که تنوع بوجود آید. پس عدالت اگر به آن

مفهومی‌که در بعضی از آرمان شهرها مطرح است پیش آید نتیجه آن توقف جوامع انسانی است و یا تک بعدی شدن آن است در حالیکه اگر عدالت را به معنی برخورداری به تنا سب فرد، بیان کنیم و آنچه که حق اوست را از او دریغ نکنیم مسئله به گونه‌ای بسیار بهتر حل می‌شود همچنان که حل شده است و این امر با توقف خلاف رخ داده است یعنی وقتی کسی نتواند با خلاف حقوق دیگران را پایمال کند عدالت رعایت شده است .!! حتی خداوند که بزرگترین نیروی هستی است عدالت را با برقراری تفاوتها برقرارکرده است شما توجه کنید هر انسانی یک نوع استعداد دارد و این یعنی کمال عدالت ! ما باید از طبیعت تجربه‌های لازم را کسب کنیم.

گوینده گفت: آقای دکتر توضیح‌های شیرین شما ما را برای شنیدن علت اصلی این همه تحول بی صبر کرده است قرار بود شما علت را بگو یید حالا ما منتظر شنیدن آن هستیم.

دکتر گفت: بله ،، در اینجا لازم است که بگویم: اگر شما بدنبال علت این تغییرات هستید باید به کتاب فراتر از دموکراسی مراجعه کنید نویسنده کتاب با پیشنهاد چند تغییر ساده توانست باعث این تحول بزرگ گردد و ما با بکارگیری این پیشنهادات توانسته‌ایم به اینهمه تغییرات دست یابیم.

من با شنیدن این قسمت کنجکاوتر شدم ،، فراتر از دموکراسی !!!!!!!!

گوینده پرسید: ببخشید آقای دکتر تا امروز مردم جهان به دنبال دموکراسی بودند ولی اکنون ما اصطلاح فراتر از دموکراسی را می‌شنویم این اصطلاح برای ما جدید است آیا ما می‌توانیم اطلاعات بیشتری را داشته باشیم؟

دکتر گفت: من اطلاعاتی را که می‌توانم می‌گویم اما بهتر است شما این کتاب را از اول بخوانید به همه بینندگان هم پیشنهاد خواندن این کتاب را می‌کنم چون تا از اول این کتاب خوانده نشود نمی‌توان به علت پی برد نویسنده این کتاب را

در حجم کم و با بیان ساده نوشته است چون اعتقاد دارد که در شرایط فعلی جهان بهترین کتاب، کتابی است که حجم کم و بیان ساده (به شرط آنکه حق مطلب را هم بجای آورده باشد) داشته باشد نویسنده می‌گوید: ما باید کتاب‌هایمان را طوری بنویسیم که از حاشیه پردازیهای بی مورد به دور باشیم ما باید مسائل را شفاف بیان کنیم بطوریکه همه آنرا بفهمند چون برای رسیدن به هدف یاری همه لازم است.

گوینده پرسید: آقای دکتر می‌دانیم که از صبح امروز دیگر خلاف متوقف شده است دیگر ما مسئله فروش مواد مخدر، سیگار، اختلاس، دزد، تن فروشی زنان، ربودن زنان و کودکان، جنگ کشورها، اختلافات قومی و نژادی، ...... را نداریم، حالا شما می‌گویید که روش رسیدن به این‌همه موفقیت را یک شخص در یک کتاب کم حجم بیان کرده است چگونه بود که بشر تاکنون این کار را نمی‌کرد؟

دکتر گفت: بسیار ساده است، اکثر موفقیت‌های بشر چنین بوده است، اکثر اختراعات و اکتشافات از یک حادثه کوچک شروع شده است داستان کشف آتش که زندگی بشر را متحول کرد یک داستان بسیار ساده است اما می‌دانیم که منجر به چه کشف عظیمی‌شد در اینجا هم نویسنده فقط یک جرقه را یادآوری کرده‌اند نه چیز بیشتری بعد دنیا متوجه شد که می‌توان از این جرقه کوچک به چه کشف بزرگی رسید !!! و چنان شد که می بینید.

گوینده پرسید: آیا ایشان یک باره متوجه این امر شدند یا از مدتها قبل متوجه شده بودند اگر از مدتها قبل بوده چرا زودتر آنرا بیان نمی‌کردند که از خسارتهای زیاد دیگری همچون قتل و عام مردم در آسیا ـ امریکا ـ افریقا .... جلوگیری شود و اگر ناگهان بوده چه چیز منجر به این کشف شده است؟

دکتر گفت: ببینید هر فکری که به ذهن انسان می‌رسد ابتدا توسط همان شخص بررسی می‌شود اگر انسان زود باوری باشد زود آن‌را بر سر زبان می‌آورد، گاه فکر درست است و نتیجه درست می‌دهد و گاه اشتباه، در صورت اشتباه به فرد می‌گویند: بهتر بود بیشتر تعمق و تفکر می‌کردید و بعد آن‌را بیان می‌کردید. این فکر از مدتها پیش در ذهن ایشان بوده و فقط باید درستی آن بررسی می‌شد و روش اطلاع دادن آن به جهانیان به گونه‌ای انجام می‌گرفت که مورد قبول و بررسی قرار گیرد هر فکری هر چند درست اگر مورد توجه قرار نگیرد نمی‌تواند مؤثر باشد، مثلاً کتب آسمانی درست هستند اما اگر مردم به آنها توجه نکنند و آنرا نخوانند هیچ تأثیری نخواهند داشت افکار هم به همین شیوه هستند. ایشان باید راهی را می‌یافتند تا آنرا به اطلاع مردم برسانند و گرنه اگر همین گونه ساده به خیابان می‌رفتندو اعلام می‌کردند، آهای مردم بیا یید من روشی یافته‌ام که می‌توانم نجاتتان دهم همه به او می‌خندیدند اصلاً می‌گفتند دیوانه شده است. هر چیزی باید ابتدا تأثیر خود را ثابت کند سپس به اطلاع مردم رسانده شود اگر مردم هم توجه کردند آنگاه تأثیر آن در جامعه روشن می‌شود.

ایشان در این کتاب پیشنهادی ساده مطرح کردند مانند بسیاری از کشف‌های بشر بعد دانشمندان متوجه شدند با کمی تغییر و تلاش می‌توانند آن‌را عملی کنند و چنین جامعه خالی از خلاف را ساخت این فکر عملی شد و اکنون ما شاهد آثار آن هستیم.

ایشان در این کتاب بیان کرده‌اند که در این بازی ما فقط مهره‌ها را بد چیده بودیم و بد بازی می‌کردیم حالا قواعد جدیدی که به کسی هم آسیب نمی‌رساند و جز نفع چیز دیگری ندارد توانسته جهان را اینگونه تغییر دهد به عبارت دیگر دنیاهای همجوار بی‌شماری داریم که به ما این امکان را می‌دهد که

بدون تغییر مکان تغییر فضا بدهیم و دنیای دیگری از دنیاهای همجوار را برای زندگی انتخاب کنیم.

گوینده پرسید: از دنیاهای همجوار صحبت کردید می‌توانم بپرسم منظورتان از این اصطلاح چیست یا به عبارت دیگر منظور نویسنده از این اصطلاح چیست؟

دکتر گفت: ببینید خیلی ساده است، شما دو نفر را در نظر بگیرید که در کنار هم هستند اگر این دو نفر به هم نا سزا بدهند طبیعتاً این عمل منجر به دعوا می‌شود و اگر سلام بدهند منجر به دوستی می‌گردد این دو دنیای متفاوت است که مکان همان است اما در یکی فضای دوستی و در دیگری فضای دشمنی برقرار است حالا بدون تغییر مکان ما دو فضا داریم می‌توانیم ازیک دنیا به دنیای دیگر یا بلعکس برویم.

در وضعیت پیش آمده شرایط به گونه‌ای تنظیم شده که با توقف خلاف نیروها در جهت بر قراری دنیاهای خو ب عمل می‌کنند.

گوینده پرسید: یعنی شما می‌گوید با تغییر شرایط فعلی حتی دیگر اگر بخواهیم هم نمی‌توانیم دنیا ها را به سمت دنیاهای بد حرکت دهیم؟

دکتر گفت: دقیقاً، اما یادآوری می‌کنم که از لغت صفر استفاده نکنید چون همواره مقداری نیروی بد وجود دارد اگر چه در حد صفر است !!! به این جمله بسیار دقت کنید.

البته مسائل به همین سادگی نیست و نویسنده مسائل را در کتاب خود بسیار بهتر توضیح داده‌اند چون فاکتورهای زیاد دیگری نیز در خلق دنیاهای همجوار مؤثر هستند که ایشان آنرا به تفصیل گفته‌اند اینجا ما فقط مثال ساده‌ای برای درک مطلب گفته‌ایم.

گوینده پرسید: شما پیوسته می‌گوید از لغت صفر استفاده نکنید در واقع منظورتان اینست که نمی‌توان خلاف را به صفر درجه رساند چرا؟

دکتر گفت: ساده است بعضی از خلاف‌ها از نفس انسان بر می‌خیزد و متأثر از مسائل اجتماعی نیست هر چقدر هم شرایط بهبود یابد باز هم امکان بروز دارد برای روشن شدن مطلب به روزهای اول خلقت باز می‌گردیم آن زمان که قابیل و هابیل زندگی می‌کردند این داستان نشان می‌دهد که حتی در شرایط آن زمان که جمعیت در پایین‌ترین حد بود و فاکتورهای امروزی مؤثر در عمل خلاف هیچکدام وجود نداشتند باز حس حسادت درون انسان او را به گناه تشویق کرد و کسی نتوانست جلوی او را بگیرد این داستان‌ها وجود دارند تا ما نظریه‌هایمان را با توجه به واقعیت‌ها بیان کنیم به همین دلیل سیر به سوی صفر وجود دارد اما به صفر نمی‌رسد درست مانند مشتق! اگر به مفهوم مشتق توجه کنید شاید بهتر بتوانید نتیجه بگیرید اما با این تفاوت که این ریاضییات نیست یک مثال است شاید کسی که مشتق را می‌داند بگوید درست است که به صفر نمی‌رسد اما به جائی می‌رسد که قابل محاسبه نیست ولی باید توجه کرد که اینجا ما به صفر اجتماعی توجه می‌کنیم نه صفر ریا ضی!!! اجتماع هم صفر مخصوص خود را دارد صفر آنهم مسائلی است که قابل صرفنظر کردن است ممکن است این صفر برای یک نفر فاجعه باشد مثلاً اگر بگوییم تعداد حاملگی‌های ناشی از شکست روش قرص‌های ضد حاملگی یک درصد هزار نفر است قابل قبول است اما آن یک نفر که در میان صد هزار نفر حامله می‌شود ممکن است شاکی شود و ادعا کند که قرص اصلاً روش مطمئنی برای پیش گیری نیست !!!

گوینده گفت: آقای دکتر اگر خسته نشده‌اید ما سئوال‌های دیگری هم داریم که بناچار با مطرح شدن بحث‌های تازه پیش آمده است.

دکتر گفت: نه، خواهش می‌کنم .

گوینده پرسید: شما گفتید این مسائل در کتاب فراتر از دموکراسی بیان شده است می‌دانیم که جهان در تلاش بود که به دموکراسی برسد اما ناگهان فراتر از

دموکراسی مطرح شد و جامعه‌ای اینگونه را به هدیه کرد آیا می‌توانید برای ما بگویید چرا این اصطلاح بوجود آمد؟

دکتر گفت: ببینید هر انسانی وظیفه دارد در محیطی که زندگی می‌کند برای بهبود آن محیط تلاش کند و به اصطلاح عامیانه به جامعه خود خدمت کند، نویسنده این کتاب هم فردی از جامعه انسانی است و به وظیفه خود عمل کرده است اگر محیط زندگی بد باشد ضرر آن به همه می‌رسد بنابراین به حکم وظیفه انسانی، همه باید در صورتیکه موارد خوب و مثبتی به ذهنشان برسد به اطلاع بقیه برسانند تا در جهت نیک بکار گرفته شود می‌دانیم که از هزاره‌های قبل از میلاد مسیح مسئله دموکراسی در یونان مطرح گردید در واقع تا به امروز این بهترین نوع حکومتی بود که بشر سراغ داشت و پیوسته برای رسیدن به آن تلاش می‌کرد اما تقریباً از همان زمانهای اول بشر متوجه نقص‌های زیاد دموکراسی بود ولی چون چاره‌ای جز این نداشت و در مقایسه با انواع دیگر شیوه‌های حکومتی بهتر از همه بود ناچار آنرا می‌ستایید در واقع این بهترین داشته انسان تا دیروز بوده است. دموکراسی در واقع دیکتاتوری است اما دیکتاتوری است که با رضایت افراد یک جامعه صورت می‌گیرد خود دموکراسی هم انواع مختلف از جمله سوسیال دموکرات، یا غیره را داشته اما هیچکدام خالی از اشکال نبوده‌اند شما در آثار متعدد نویسندگان می‌توانید نواقص این نوع حکومتها را به سادگی ببینید ما برای اینکه موضوع را بهتر مشخص کنیم بهترین نمونه ها را انتخاب می‌کنیم و بررسی می‌کنیم قصد محکوم کردن را هم نداریم!

توجه کنید که در تعریف دموکراسی داریم، حکومتی که براساس آرای مردم برقرار شده باشد و مردم در تعیین سرنوشت خود نقش داشته باشند. این نوع حکومت حتی در تعریف خود در قدم اول نقص خود را نشان می‌دهد برای

نمونه سئوالی که بسیاری از اندیشمندان مطرح کرده‌اند این است اگر مردم اشتباه بکنند چه؟! چه چیز مانع ضرر آنها می‌شود؟
بسیاری از کارشناسان می‌گویند: قانون، در حکومت دموکراسی مبنای عملکرد مردم و دولت قانون است یعنی قانونی که تعیین شده است در نهایت از مردم محافظت می‌کند یعنی در واقع قانونی که نتوانسته مانع اشتباه آنان گردد از آنها محافظت می‌کند !!!!!!! برای آنکه مسئله را روشن‌تر کنیم باید بیشتر توضیح دهیم و ناچاریم از مثالهائی که بشر آنها را تجربه کرده استفاده کنیم.
هر حکومتی چهره واقعی خود را در بحرانها نشان می‌دهد شما به دموکرات‌ترین کشور جهان یعنی امریکا توجه کنید، هزینه‌های زیادی انجام می‌گرفت تا دموکراسی برقرار گردد ولی در بحران عراق معلوم شد که اگر یک نفر تصمیم بگیرد می‌تواند نظر همه را وتو کند یا به ساختار سازمان ملل تا قبل از امروز توجه کنید همه نظرها را پنج عضو وتو می‌کردند، این اوضاع کشورهای دموکرات بود وضع کشورهائی که از دیکتاتوری‌های مختلف رنج می‌بردند که دیگر مایه شرمساری بود و جای صحبت کردن ندارد در چنین شرایطی باید به فراتر از دموکراسی فکر می‌شد یعنی حکومتی که در آن خلاف راه ندارد و مطلوب تمام جوامع است و بهتر از آن را بشر عادی نخواهد داشت.
گوینده پرسید: یکی از مشخصات وضعیت پیش آمده اینست که حتی افراد مقصر و گناهکار را مجازات نکردند در این‌باره توضیحی دارید؟
دکتر گفت: بدترین مجازات زنده ماندن این افراد و اجازه دادن به این امر است که به اعمال گذشته خود و خیانتهائی که به افراد بشر کرده‌اند فکر کنند این افکار آنها را مجازات می‌کند دیگر نیازی به مجازات نیست! تا قبل از امروز حرص جمع‌آوری مال دنیا از راه خلاف و شیرینی آن به آنها اجازه نمی‌داد عمق

اعمال بد خود را ببینند حالا این امکان پیش آمده که با افکار خود مجازات شوند آنها باید زنده بمانند.

دیگر چیزی به نام سازمانهای جاسوسی و شکنجه‌گاه وجود ندارد این یک عمل خلاف است و متوقف شده است و روش توقف آن نیز بسیار ساده بوده است با مراجعه به کتاب فراتر از دموکراسی آنرا درک می‌کنید در این کتاب می‌بینید که چگونه انسانها به حکومتی رسیده‌اند که واقعاً فراتر از دموکراسی است.

گوینده پرسید: آخرین سئوال و شاید مهمترین سئوال را می‌خواهیم از شما بپرسیم، شما می‌دانید که در ادیان و مذاهب گوناگون عقاید مختلفی در مورد ظهور افرادی وجود دارد که منجر به برقراری عدالت می‌شوند برای مثال شیعیان به ظهور امام زمان اعتقاد دارند و معتقدند شخصی که براساس روایات مذهبی خود، هویت آنرا می‌دانند ظهور خواهد کرد و عدالت را در جهان برقرار می‌کند یا اهل تسنن نیز تا حدودی عقایدی مشابه آنانرا دارند، سئوال اینست که آیا نویسنده کتاب قصد چنین ادعائی را دارد؟ یا می‌توان چنین نقشی را برای ایشان در نظر گرفت و قائل شد؟

دکتر گفت: ببینید نویسنده کتاب در کتاب فراتر از دموکراسی به صراحت چنین ادعائی را رد کرده است و در هیچ شرایطی چنین نقشی را برای خود مطرح نمی‌کند به نظر ایشان اینها اعتقادات معنوی یک مذهب هستند و هیچکس حق ندارد نسبت به آنها ادعائی بکند شما ملاحظه کنید این اعتقادات شاید در سایر ادیان و مذاهب نیز مطرح باشد این قسمت محدوده اعتقادی مذاهب است آنان بر اساس معتقدات خود به مواردی ایمان دارند، و منتظر آن نشسته‌اند اگر کسی بخواهد تصویر مذهبی آنها را مخدوش کند خوب عمل خلافی انجام داده است و می‌دانیم که در شرایط فعلی عمل خلاف متوقف شده است و امکان‌پذیر نیست.

باید مسائل به دقت بررسی و مطرح شود آنچه که ادیان و مذاهب مختلف انتظارش را دارند ظهور یک انقلاب معنوی است که دامنه‌اش به مسائل انسانی دیگر گسترش می‌یابد یعنی آنان معتقدند که حقایق به گونه‌ای منقلب می‌شوند که انسان به آنچه که ایمان واقعی گفته می‌شود، می‌رسد اما آنچه که در اینجا رخ داده‌است تغییرات جهان مادی است نه معنوی، هر چند توقف خلاف خود معنویات را ارزشمندتر می‌کند اما همانطور که گفتیم گناه به صفر نمی‌رسد آنچه در اعتقادات مذاهب گوناگون از جمله شیعیان وجود دارد یک انقلاب بزرگ معنوی است که نویسنده همانطور که توضیح داده شد هیچ ادعائی ندارد، ورود به قسمت اعتقادی افراد امر درستی نیست و هر کس حق دارد برای معتقدات خود انتظار احترام داشته باشد به شرط آنکه به اعتقادات دیگران بی‌احترامی نشود.

مسئله مهم دیگر اینکه براساس آزادی عقیده نویسنده کتاب نیز اعتقادات مخصوص به خود را دارد که اساساً منتهی به این ادعا نمی‌شود او به خدا، رسول خدا و قرآن ایمان دارد و برای عقاید همه احترام قائل است و معتقد است که رهائی انسان به دست خود او انجام می‌شود.

گوینده گفت: بسیار متشکرم آقای دکتر پس ما بینندگان را برای مطلع شدن از علت تغییرات بوجود آمده به خواندن کتاب فراتر از دموکراسی نوشته دکتر احمد نه چمی دعوت می‌کنیم و خداحافظی کرد.

من بی درنگ لباسهایم را پوشیدم تا به بازار بروم و این کتاب را تهیه کنم.

با تشکر احمد نه چمی
نهم فروردین یک هزارو سیصدو هشتادو شش

Title: Victory of the Empire of Peace
Author: Dr. Ahmad Nahchami
Publisher: Supreme Century, Reseda, CA, USA
ISBN-13: 978-1939123633
ISBN-10: 1942912137
Library of Congress Control Number: 2017913722